10대를 위한
워런 버핏 경제 수업

10대를 위한 워런 버핏 경제 수업

초판 1쇄 발행 2023년 12월 20일
초판 7쇄 발행 2025년 2월 10일

지은이 안석훈, 이경민, 홍혜민
펴낸곳 넥스트씨
펴낸이 김유진
출판등록 2021년 11월 24일(제2021-000036호)
주 소 서울시 중구 서애로23 3층, 318호
홈페이지 nextc.kr
전화번호 0507-0177-5055
이메일 duane@nextc.kr

※책 가격은 뒷표지에 있습니다.
※잘못된 책은 구입한 곳에서 바꿔드립니다.

10대를 위한

워런 버핏 경제 수업

안석훈, 이경민, 홍혜민 지음

머리말

우선 여러분께 한 가지를 물어보고 싶습니다. "돈이란 무엇일까요?" 돈과 경제는 떼려야 뗄 수 없는 관계이지만, 대개의 경우 우리는 돈을 눈에 보이는 금전이나 숫자로만 여깁니다.

하지만 돈은 단지 거래에 쓰이는 화폐에 그치지 않습니다. 돈은 경제의 혈액과도 같죠. 시장에서 재화와 서비스의 교환을 가능하게 하는 매개체이자, 가치의 척도입니다.

긴밀하게 연결되어 있는 오늘날 글로벌 금융시장에서 우리는 돈을 통해 기업의 가치를 평가하고, 기업과 산업, 나아가 경제의 건강을 판단합니다. 물론 재산을 늘릴 수 있는 기회를 찾기도 하고요. 즉, '투자'에 대한 판단을 내리는 거죠.

돈은 이렇게 우리가 경제 안에서 무엇을 어떻게 할지 결정하는 데 필요한 도구이며, 투자는 돈이라는 도구를 활용하는 매우 중요한 행위입니다.

워런 버핏은 '오마하^{버핏이 살고 있는 지역의 이름}의 현인'으로 불릴 정도로 지혜를 갖춘 투자자로 유명합니다. 그가 세계적 존경을 받게 된 것은 그의 투자 철학이 단순히 돈을 벌기 위한 방법론을 넘어, 기업과 산업의 본질을 이해하고 가치를 발견하는 능력을 기르는 데 중점을 두고 있기 때문입니다.

버핏은 그 유명한 주주서한을 통해, 복잡한 금융 용어나 숫자 계산보다는 기업의 본질적 가치와 장기적 전망을 바탕으로 한 결정의 중요성을 강조해 왔습니다.

이 책은 버핏의 가르침을 기초로, 투자 공부가 단순한 숫자 게임이 아니라 실제 삶에서 중요한 결정을 내리는 데 어떻게 적용되는지를 이야기하고자 했습니다. 이를 통해 투자를 '돈 놓고 돈 먹기'가 아닌 '가치를 발견하고 미래를 설계하는 일'로 바라볼 수 있게 되길 바랍니다.

나아가 실생활에서 직면할 수 있는 다양한 경제적 상황을 이해하고, 스스로 판단하며, 현명한 결정을 내리는 데 도움이 되었으면 합니다.

경민과 혜민, 두 주인공이 함께 워런 버핏의 철학과 기업, 자본시장 등을 공부해 나가는 과정을 통해 자연스럽게 '가치투자'의 원칙을 배울 수 있을 것입니다. 또한 시장 타이밍보다는 '시간의 힘'에, 눈에 보이는 가격보다는 '진짜 가치'에 주목하는 방법을 알게 될 것입니다.

무엇보다도 진정한 가치와 성장 가능성을 중시하는 버핏의 철학을 바탕으로, 투자가 단순히 재산을 증식하는 행위가 아닌, 책임감 있는 경제 참여자로 성장하는 과정임을 깨닫길 희망합니다.

이를 위해 첫째, 이론적 개념보다는 실물경제에 대한 이해를 높일 수 있는 방향으로 작성했습니다. 둘째, 이와 같은 내용을 잘 접해보지 않은 독자라도 가능한 쉽게, 중요한 개념을 기본부터 익힐 수 있도록 설명했습니다. 셋째, 다양한 이미지 자료와 인포그래픽으로 이해를 돕습니다. 넷째, 두 주인공의 지도 선생님인 '안 쌤 노트' 코너를 통해 본문에서 다루지 않은 보다 깊이 있는 경제 지식을 전달합니다.

이를 위해 Z세대들이 편안하고 속도감 있게 읽을 수 있도록 익숙한 구어체의 소설 타입으로 썼습니다. 각 장에는 난이도를 표시해 두었으니, 혹시 내용이 어렵게 느껴진다면 난이도가 낮은 장들부터 읽으셔도 좋습니다.

페이지를 넘기다 보면 자연스럽게 시장경제의 본질을 탐구하고, 투자 개념을 익히는 것이 선택이 아니라 필수인 이유를 알게 될 것입니다.

지금 여러분의 손에 들린 이 책이 미래에 대한 생각을 자극하고, 무엇보다도 재미있게 투자와 경제에 대한 이해를 높이는 기회가 되기를 바랍니다.

저자 일동

등장인물 소개

혜민

14세, 중학교 2학년.
초등학교 때부터 주식투자를 시작해
학교에서는 '투자 고수'로 알려져 있다.

경민

13세, 중학교 1학년.
우연찮게 혜민을 만나 정체불명의 동아리에 가입하게 된다.

안 쌤

45세, 중학교 사회 선생님.
'백만장자 투자클럽'의 지도교사이다.

프롤로그

어쩐지 수상한 선배

"미래에는 이처럼 글로벌 인재가 집결하는 미국에서 더 많은 혁신 기업들이 등장할 것으로 예상됩니다. 따라서…."

삐빅 —

소파에 누워있던 경민은 지루한 뉴스 채널을 잽싸게 돌려 영화를 틀었다.

"블랙! 어서 피해요! 지금 썬더가 오고 있어!!"

역시 히어로 영화가 최고다. 어른들은 대체 왜 저런 재미없는 이야기만 하는지 모르겠다고 생각하며, 경민은 벌떡 일어나 영화에 집중하기 위해 자세를 바로잡았다.

"경민아, 엄마가 보고 있잖아? 게다가 너희 학교 선생님이 나오셔서 좋은 말씀을 해주시는데 왜 영화를 틀었어?"

"네? 우리 학교 선생님이요?"

삐빅 —

다시 뉴스 채널로 돌리자, 앵커가 인사말을 전했다.

"오늘 좋은 의견 들려주신 오른 중학교의 안석훈 선생님께 감사드립니다. 여러분, 요즘 일교차가 더욱 심해졌습니다. 체온 관리를 위해 옷차림에 신경쓰시길 바라며⋯."

이미 방송은 끝맺음을 하고 있었다.

'오른 중학교 안석훈 선생님? 누구지⋯?'

"에휴, 벌써 끝나 버렸네. 경민이 너네 학교 선생님인데 누구신지 몰라?"

"아, 몰라요~."

"모르면 찾아보는 거야. 그래야 인사도 할 수 있고, 배울 점도 더 찾을 수 있지 않겠니? 선생님과 친해질 기회가 될 수도 있고 말이야."

아직 1학기가 시작된 지 얼마 되지 않아 담임 선생님과 몇몇 교과 선생님만 알 뿐이었는데, TV에 나온 선생님은 경민에게 낯선 얼굴이었다.

다음날, 아침을 먹던 경민의 스마트폰이 말썽이었다. 작년에

산 건데도 자주 고장 나더니, 요즘은 이어폰 연결도 잘 안 되고 유튜브를 보다가 갑자기 꺼지기도 했다. 살 때만 해도 최신 모델이었던 스마트폰이 벌써 느려진 것을 보니, 아무래도 오래 사용한 탓이 분명했다.

"엄마, 용돈 좀 올려주시면 안 돼요?"

경민은 최근 출시된 아이폰이 너무나 갖고 싶었다. 친구들이 갖고 오는 최신 아이폰을 볼 때마다 자신의 것은 구식처럼 느껴졌다. 하지만 매달 받는 용돈은 새 스마트폰을 사기에 턱없이 부족했다.

"경민아, 지금 용돈도 충분하지 않니? 이번에 중간고사를 잘 보면 특별 보너스 5만 원을 더 줄게. 그러니까 시험공부에 좀 집중해 보렴."

5만 원이라니, 어림도 없었다. 대체 5만 원씩 모아서 언제 최신 아이폰을 산단 말인지. 아니, 그때쯤 되면 최신 아이폰은 이미 구형이 되어 있을 거였다. 아침부터 엄마와 한참을 실랑이한 끝에 등교하느라 학교 정문에서 지각으로 걸리더니, 오후 도서실 청소에 당첨되고 말았다.

'아침부터 괜히 용돈 얘기했다가 이게 뭐야…'

투덜대며 도서실로 들어선 경민의 눈에 도서실 정중앙에 앉은 여학생의 스마트폰이 들어왔다.

'이름표가 초록색인 걸 보면, 2학년 선배잖아. 그런데 아직도 3년 전 아이폰을 갖고 있네?'

속으로 중얼거리며 가까이 다가가자 스마트폰에 가려져 있던 얼굴이 보였다.

야무진 눈매에 앙 다문 입술, 자신감 있는 표정. 혜민 선배였다. 혜민은 공부도 잘하는 데다, 일찌감치 초등학생 때부터 주식 투자를 시작해 스스로 자산을 굴리는 것으로 소문난 유명 인사다. 청소년 투자 고수로 이런저런 유튜브 채널의 인터뷰에도 나온 적이 있다고 했다.

경민과는 같은 아파트에 살고 있지만, 마주칠 일이 드물어 좀처럼 친해지지 못했다.

'엄마가 항상 저 누나한테 좀 배우라고 했었지. 큰맘 먹고 인싸력을 발휘해 봐?'

"선배, 안녕하세요! 저 정문아파트 사는 경민이에요. 그때 분리수거장에서도 인사했었는데."

"오, 안녕! 경민! 알지, 알지~. 너도 도서실 오는 거 좋아하는구나?"

"아 그게…, 아침에 지각해서 벌로 청소 중이었어요."

경민은 말을 꺼내면서도 어딘가 민망함과 궁금증이 뒤섞여 올라왔다.

'투자로 돈을 번다는 선배가 왜 아직도 구형 아이폰을 쓰고 있지? 나는 돈이 없어서 아이폰을 어떻게 살까 고민인데.'

계속해서 경민이 혜민에게 말을 건넸다.

"선배는 책 읽는 거 좋아하시나 봐요. 와, 이렇게 막 어려운 경제 책도 읽고요. 그런데 선배…, 투자 고수라고 소문났던데 새로 나온 아이폰 안 사세요? 이건, 엄청 예전 건데."

"아, 이거? 이것만으로도 충분하니까. 너 설마 요즘도 아주머니한테 아이폰 사달라고 조르거나 그러는 건 아니지? 이제 중학생인데 스마트폰 정도는 직접 사야 하지 않겠어?"

경민은 괜히 말 걸었다가 잔소리를 듣게 된 것 같아, 빨리 청소를 마치고 자리를 피하는 것이 낫겠다고 생각했다.

"아…, 그냥 궁금해서요. 그럼 저는 이만 청소하러 다시 가보겠습니다…."

"경민! 이번 주까지 동아리 입부 신청서 제출 마감인 건 알고 있지? 내가 왜 신형 아이폰을 사지 않는지 알고 싶다면, '백만장자 투자클럽' 동아리에 신청서 꼭 제출해!"

'백만장자 투자클럽?'

친구들이랑 축구반 신청하려고 했는데, '백만장자 투자클럽'이라니 꼬인 거 같다. 이름도 유치하고, 괜히 놀림받을 것 같은데…. 모른 척하자니 이미 선배가 권유한 이상 외면하기도 그렇고, 머리가 아팠다.

청소를 마친 후 집으로 돌아가는 길, 경민은 스마트폰 대리점 앞에 붙어 있는 새 아이폰 포스터 앞에서 발걸음을 멈췄다. 그리고 든 생각.

'신형 아이폰도 없다면 투자 고수란 거 다 거짓말 아냐? 한번 직접 확인해 봐야겠어!'

이게 진짜 투자 고수들의 동아리?!

드르륵~

"안녕하세요…?"

입부 신청서를 제출하려고 동아리 방의 문을 열고 들어가 보니, 방에는 혜민 선배와 선생님 한 분이 있었다. 어쩐지 낯이 익은 얼굴, 우리 학교 선생님이라던 그분이었다.

'어, TV에서 본 그 선생님이시다! 동아리 방이 화려하고 클 줄 알았는데, 의외로 소박하네. 역시, 투자 고수라는 소문은 진짜가 아닌 걸까?'

그 순간, 경민을 발견한 혜민이 외쳤다.

"꺄아! 쌤 보셨죠? 제가 분명 올 거라고 했잖아요!"

혜민은 바쁘게 서류를 정리하고 계신 선생님을 보며 팔짝팔짝 뛰었다.

경민이 어색하게 머리를 긁적이며 말했다.

"동아리 구경도 하고 인사도 드릴 겸 와 봤어요. 아직 완전 입부 신청은 아니고요!"

"쌤! 얘가 저보고 뭐라고 했는지 아세요? 투자 고수인데 왜 아직도 이런 아이폰을 쓰네요, 일단 입부 신청은 완료!"

혜민은 아랑곳 않고, 경민이 작성해 간 입부 신청서를 낚아챘다. 그리고는 깔깔 웃으며 안 쌤에게 말했다. 안 쌤도 따뜻한 미소로 경민을 바라보며 입을 열었다.

"그래, 네가 경민이로구나, 반갑다. 궁금한 게 많지? 혜민이는 우리 학교에서 소문난 투자 고수인데 어째서 3년 된 아이폰을 쓰고 있고, 우리 동아리는 왜 이렇게 사람이 없고 방도 후줄근한지 궁금할 거야. 혜민아, 일단 너의 현재 투자 수익률부터 말해 줄래?"

혜민은 의기양양한 모습으로 자신의 수익률을 자랑하기 시작했다.

"나는 지난 4년간 연평균 투자 수익률 49.5퍼센트! 투자원금 200만 원으로 시작해서 현재는 총 자산 1,000만 원을 달성한 상태지!"

"네? 4년 만에 200만 원을 1,000만 원으로 만들었다고요? 그럼 지금 선배, 천만 원 있는 거예요?"

경민은 믿기지 않았다. 우리 나이에 어떻게 1,000만 원을 가질 수 있었는지, 하물며 200만 원은 또 어디서 난 건지, 그리고 진짜 1,000만 원이 있는 사람이 왜 아이폰은 안 바꾸는지 궁금한 점이 꼬리에 꼬리를 물며 떠올랐다.

경민이 눈을 동그랗게 뜨고 바라보자, 혜민은 자세를 고쳐 앉으며 자못 진지한 표정으로 이야기를 시작했다.

"너도 알다시피 우리가 살아가는 세상은 '자본주의'가 바탕을 이루고 있어. '자본주의'라는 경제 시스템에서는 각자가 돈을 어떻게 버는지, 쓰는지, 모으는지가 정말 중요해. 이런 소득, 소비, 자산 형성 같은 걸 '경제적 활동'이라고 하지.

우리는 평생 경제적 활동을 하면서 살아가야만 해. 주위 어른들만 봐도 알 수 있잖아? 경제적 활동을 얼마나 이해하고 잘 해내는지는, 인생에서 공부만큼이나 중요한 거라 생각해."

말을 이어가는 혜민의 목소리에서 열정이 느껴졌다.

"우리 클럽은 바로 이런 걸 같이 배우는 곳이야. 남들보다 일찍 경제에 대한 지식을 쌓고, 나중에 똑똑하게 경제적 활동을 할 수 있도록 준비하는 거지."

"음, 그런데 왜 이름이 '백만장자 투자클럽'이에요?"

'사실 이름이 유치해서 지금도 망설여진단 말이에요….' 경민이 속말을 삼키며 물었다.

"우리 클럽의 최종 목적이 세계적 백만장자 '워런 버핏'처럼 되는 거거든. 그분은 돈을 아주 현명하게 사용해서 세계 최고의 부자 중 한 사람이 됐어. 아참, 그런데 워런 버핏은 새로운 핸드폰을 사는 것보다 그 돈을 투자해서 더 큰돈을 만드는 걸 훨씬 중요하게 생각하는 스타일이야."

경민은 그 말이 왜 구형 아이폰을 계속 쓰고 있는지에 대한 힌트란 걸 알아차렸다. '무슨 말인지 알겠지?'라는 듯한 선배의 초롱초롱한 눈빛에 경민은 자신도 모르게 고개를 끄덕여 보였다. 선뜻 이해는 되지 않았지만.

굉장히 신나 보이는 표정으로, 혜민이 덧붙였다.

"난 그래서 지금도 이 구형 아이폰을 계속 쓰고 있는 거야. 새로운 걸 사고 싶은 마음은 있지만, 그 돈으로 더 가치 있는 일을 할 수 있기 때문이지. 같이 공부하다 보면 너도 곧 이해하게 될 거야."

옆에서 듣고 있던 안 쌤이 손뼉을 치며 말했다.

"와, 역시 혜민이 대단한데. 오늘은 첫날이니까 이 정도로 마무리할까? 경민이 눈빛을 보니 이미 궁금한 게 엄청나게 많은 것 같은데, 내일부터 하나씩 같이 풀어가 보자꾸나."

안 쌤은 미소를 지으며 입부 신청서에 도장을 찍어 서류철에 담았다.

안 쌤 노트

왜 다들 '아이폰'일까?

전 세계의 많은 사람들이 아이폰에 열광해요. '애플의 충성 고객'을 가리키는 단어들이 따로 있을 정도죠. 아이폰을 발명한 미국에서는 전체 스마트폰 사용자 중 절반 이상이 아이폰을 선택하는데, 특히 젊은 세대에서 그 비율이 높은 편입니다.

아이폰 이용자의 34퍼센트가 1996년 이후에 태어난 MZ 세대라는 미국 파이낸셜 타임스FT의 통계는 이 제품이 젊은 층에 얼마나 깊이 자리 잡고 있는지 보여줍니다. 더욱이 10대의 경우, 무려 80퍼센트 이상이 아이폰을 사용 중이라고 하네요.

우리나라의 상황도 크게 다르지 않은데요. 최근 조사 결과에 따르면한국갤럽의 <2023 스마트폰 사용률&브랜드> 조사 18세부터 29세에 이

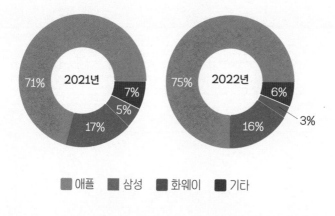

글로벌 프리미엄 스마트폰 시장점유율 현황

자료 : 카운터 포인트 리서치 닷컴

르는 스마트폰 이용자 중 65퍼센트가 아이폰을 이용하고 있고, 32퍼센트만이 갤럭시를 이용하고 있는 것으로 나타났죠.

최근에는 아이돌의 광고 효과까지 더해져서 아이폰을 사용하지 않으면 유행에 뒤처진다는 인식이 청소년들 사이에서 퍼지고 있는데요, 미국도 비슷한 경향을 보인다고 합니다.

아이폰이 이처럼 인기를 끄는 이유는 무엇일까요? 이 질문에 대한 답을 알아보는 것은 단순한 호기심 이상의 의미가 있어요.

휴대폰 하나가 이렇게 인기를 끌 수 있는 이유를 이해하면, '소비자 선택'과 '브랜드 가치', '마케팅 전략' 등 시장경제의 개념들을 재미있게 탐구할 수 있답니다.

감성이 충만한 혁신의 아이콘

스티브 잡스라는 이름을 아마 들어봤을 거예요. 이제 그는 세상에 없지만, 한때는 전 세계를 놀라게 한 '혁신의 아이콘'으로 불렸죠. 그는 아이폰뿐 아니라 아이패드, 에어팟, 애플워치 등 우리가 사용하는 많은 제품을 만든 회사인 애플의 창립자이며, 개인용 컴퓨터매킨토시와 스마트폰아이폰의 선구자이기도 합니다.

스티브 잡스는 1976년에 애플을 창립한 후 몇 년 지나지 않아 회사를 떠나야 했어요. 그러다가 애플에 다시 합류하면서1998년 회사의 운명을 바꾸는 놀라운 변화를 이끌었답니다. 그가 2001년에 선보인 MP3플레이어디지털 오디오 파일을 재생하는 제품 '아이팟'은 음악을 듣는 방식을 완전히 바꿔놓았고, 2007년 1월에는 '아이

2001년 출시된
MP3플레이어, 아이팟

아이폰이 등장하기 전의 핸드폰들

2007년 선보인
아이폰 1세대

**아이폰의 등장은 단순한 휴대폰을 넘어
기능과 감성을 갖춘 스마트폰의 시작이었다**

폰'이라는 이제껏 세상에 없던 제품을 선보였어요.

아이폰은 단순한 휴대폰을 넘어서 모든 정보를 손쉽게 찾을
수 있는 손 안의 컴퓨터였죠. 전화, 문자 외에도 인터넷, 음악, 사
진 그리고 동영상까지 다룰 수 있게 만든 이 기기는 사람들이 기
술을 바라보는 방식을 완전히 바꾸었답니다.

그럼 과연 사람들은 애플의 무엇에 그리 놀라고 열광했을까요? 바로 혁신적인 기능에 감성을 더했다는 점입니다.

그때까지 휴대폰은 주로 '기능' 위주로 만들어졌지만, 아이폰은 '경험'을 중시하는 디자인으로 사람들의 마음을 사로잡았어요. 잡스가 추구했던 간결하고 직관적인 디자인은 오늘날까지도 수많은 이들의 사랑을 받고 있습니다.

스티브 잡스가 없었다면, 이런 혁신적인 아이디어로 가득 찬 제품들은 존재하기 어려웠을 거예요. 그는 기술이 사람들의 감성을 자극하고, 우리 삶을 풍요롭게 만드는 데 중요한 역할을 한다고 믿었습니다.

제품 디자인에 관한 잡스의 철학은 오늘날 애플 제품에도 계속 이어지고 있으며, 많은 기업들이 그의 성공을 본받으려 하고 있어요.

이처럼 기능 중심으로 제품을 디자인하는 경쟁 제품과는 전혀 다른 디자인 철학을 가지고, 나무랄 것 없이 단순하고 일관성

있게 구현한 디자인은 20년이 넘은 오늘날까지도 사람들의 사랑을 받고 있답니다.

애플 생태계의 락인 효과

혜민이의 하루를 예로 들어볼까요?

아침에는 아이폰의 알람 소리로 눈을 뜨고, 에어팟으로 좋아하는 K팝 음악을 들으며 학교로 향합니다. 세계사 수업 시간에 아이패드를 사용해 고대 유적지 사진을 찾아 발표 자료로 활용하고, 오후에는 기타 연주를 즐겨요. 방과 후에는 아이폰의 아이메시지와 페이스타임으로 별도의 비용 없이 무제한으로 친구들과 수다를 떨기도 하고 함께 노래를 부르기도 합니다.

혜민이와 혜민이 친구들을 비롯해, 많은 사람이 애플 제품을 애용하는 것은 단순한 우연이 아닙니다.

이는 애플이 고객을 자사의 제품과 서비스로 '락인Lock-in'시키는 전략이 효과를 보고 있기 때문이에요. 락인 효과란, 한번 어떤 제품이나 서비스를 사용하기 시작하면 다른 제품으로 옮기기 힘든 현상을 말해요.

일명 '자물쇠 효과' 또는 '잠금 효과'라고도 할 수 있는데요, 또 다른 표현을 빌리자면 그물 등으로 우리를 만들어 그 속에서 물고기를 기르는 방식인 가두리 양식이라고도 할 수 있겠네요.

애플 제품들은 서로 잘 연동되어서 사용자를 애플의 생태계 안에 머물게 만들어요. 제품 생태계Product Ecosystem란 특정 제품이나 서비스를 중심으로, 다양한 부수적인 제품과 서비스, 기술, 커뮤니티, 비즈니스 모델 등이 연결되는 것을 말해요.

예를 들어, 스마트폰의 생태계에는 앱 스토어, 앱 개발자, 액세서리 제조업체, 클라우드 서비스, 음악 스트리밍 서비스 등이 포함되죠.

즉, 한번 애플의 생태계를 사용하기 시작하면 락인 효과로 계속해서 애플의 제품이나 서비스를 사용할 가능성이 높아지는 거예요.

실제로 미국의 신문사인 파이낸셜 타임스가 보도한 바에 따

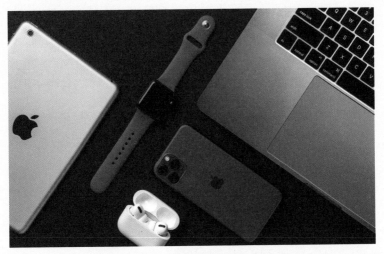

다양한 제품들이 애플의 생태계를 이루고 있다

르면 아이폰이 100대 팔릴 때마다 에어팟 35대와 아이패드 26
대, 애플워치 17대가 함께 팔린다고 합니다. 정말 대단한 생태계
가 된 것이죠!

알면 더욱 흥미로운 이야기

이런 상호작용은 애플을 3조 달러라는 경이로운 가치의 기업
으로 만들었어요. 3조 달러약 3,900조 원라는 숫자는 우리나라 연간

예산의 약 6배 2023년 기준 약 638조 원에 달하는 엄청난 규모예요.

이는 단순히 돈의 액수를 넘어서, 애플이 얼마나 많은 사람의 일상에 깊숙이 들어가 있으며, 그들의 삶을 어떻게 변화시켰는지를 보여주는 지표랍니다.

이렇게 혁신적인 기술과 아이디어, 애플 특유의 디자인과 락인 효과 등 강력한 브랜드 전략이 어우러져 애플은 지금과 같이 시장에서 독보적인 위치를 차지하게 된 것이죠.

한 마디로 애플은 '높은 브랜드 가치를 갖췄다'고 할 수 있어요. 브랜드는 하나의 약속처럼 기업이 소비자에게 일관된 품질과 경험을 제공할 것이라는 신뢰를 나타내는데요, 단순히 로고나 제품의 이름 그 이상이죠.

위기 상황에서도 소비자의 신뢰를 유지하는 방파제 역할을 하며, 새로운 제품이 시장에 진입할 때 성공 확률을 높여주거든요.

또한 브랜드 가치는 경쟁이 치열한 시장에서 기업이 성공을 이어가는 데 있어 결정적인 역할을 해요. 기업의 장기적인 자산이기도 하죠. 앞으로 우리가 이 책을 통해 찾아나갈 좋은 기업의 중요한 요소 중 하나입니다.

우리가 매일같이 쓰고 있는 아이폰을 비롯한 애플 제품들에 대한 이야기가 새삼 새롭게 다가오지 않나요? 애플의 성공 이야기를 통해, 시장경제와 자본주의라는 큰 틀 속에서 일어나는 경제적 활동이 얼마나 흥미로운지 알게 되었을 거예요.

경제라는 게 꼭 먼 나라 이야기만은 아니랍니다. 바로 우리 주변에서 일어나고 있는 일들, 우리가 매일 사용하는 물건과 서비스를 통해 배울 수 있는 게 많아요.

경제에 대한 이해는 우리의 일상 속에 숨어 있는 비밀스러운 코드를 찾아내는 것과도 같죠. 이 코드를 알아내면 왜 사람들이 특정 제품을 구매하는지를 알 수 있어요. 그리고 제품을 사용하고, 나아가 제품의 진화에 기여하거나 투자함으로써 어떻게 경제의 바퀴를 함께 돌리고 있는지를 이해할 수 있죠.

이제 이 재미있는 탐험을 본격적으로 시작해 볼까요?

C O N T E N T S

01

백만장자
투자클럽에
오신 걸 환영합니다

나무를 키우려면 '씨앗'이 필요하다

"선배, 거짓말이죠? 어떻게 천만 원이 있다는 거예요?"

경민은 자신보다 한 살 많은 혜민의 자산규모에 놀라지 않을 수 없었다. 한 달에 5만 원씩 받는 용돈을 하나도 쓰지 않고 1년 내내 모으면 60만 원이고, 4년을 모아도 240만 원이다. 그런데 이미 경민의 4년 치 용돈 4배가 넘는 1,000만 원을 가지고 있다니!

어떻게 돈을 모을 수 있었는지 진실이 알고 싶었다.

"응? 그냥 아끼고 모은 거지!"

"선배 용돈은 한 달에 얼만데요? 저는 한 달에 5만 원이라서 일단 너무 적어요."

"나도 5만 원이야. 같은 5만 원을 받아도 어떻게 관리하느냐의 차이 아니겠어?"

혜민은 자신 있게 어깨를 으쓱이며 자신이 한 달 용돈 5만 원으로 어떻게 투자금 200만 원을 만들었는지 설명하기 시작했다. 혜민이 지갑에서 5만 원짜리 지폐를 꺼내 보이며 말했다.

"우선, 우리 앞에 있는 이 5만 원은 어떻게 생겨난 거지?"

"그야 부모님이 주신 거죠."

"맞아, 우리는 이런 5만 원이라는 '돈'을 부모님께 용돈으로 받지. 그런데, 이 돈은 어디에서 오는 걸까? 너희 부모님께서 매일 출근하는 회사에서 벌어오시지? 부모님께서는 회사에서 일을 하고, 그 대가로 월급을 받으셔. 그리고 그 월급 중 일부를 우리에게 주시는 거야."

"그건 당연히 알고 있죠. 마음속으로 부모님께 늘 감사드리고 있어요⋯."

"그게 포인트야. 부모님이 힘들게 벌어 주신 그 돈으로 우리는 일상을 살아가고 있어. 하지만 이 용돈만 가지고는 일상적인 것 이상을 누리거나, 꿈꾸기 어려워. 미래를 위해서라도 우리 스스로 돈을 더 벌거나 모을 방법을 찾아야 하지.

그러기 위해서는 종잣돈부터 모아야 해. 워런 버핏도 처음에는 작은 종잣돈부터 시작했대.”

“버핏이요?”

“그래. 우리 백만장자 투자클럽의 마스코트 ‘워런 버핏’. 내가 입부 첫날 이야기했던 이름인데 기억 안 나?”

안 쌤은 혜민의 말을 듣고는 웃으며 버핏에 대한 이야기를 시작했다.

“워런 버핏, 오마하의 현인이라고 불리는 세계 최고의 투자자. 실제 부자 순위로도 세계 5위 안에 들만큼 투자를 통해 세계의 정상에 섰다고 평가받는 대단한 할아버지란다.

그 또한 시작은 껌과 콜라를 길거리에서 팔아서 종잣돈을 모은 것이었어. 그렇게 한 푼 두 푼 점점 더 크게 키우는 투자를 한 끝에 지금과 같이 대단한 투자자가 될 수 있었던 거야.”

경민이 믿기지 않는다는 듯 말했다.

“에이, 설마요. 물려받은 돈이 많았던 게 아니고요?”

커다란 나무의 시작은 작은 '씨앗'

종잣돈이란 단어는 경제적으로 큰 나무를 키우기 위한 첫 걸음인 작은 '종자'에서 유래한 말입니다. 종자는 식물의 씨앗을 의미하며, 경제적 활동에서는 사업이나 투자를 시작하기 위해 필요한 초기 자본을 가리키죠.

영어로 종잣돈은 '씨드머니Seed Money'라고 하는데, Seed'는 '씨앗'을 뜻하며 성장의 시작을 의미해요. 씨드머니는 말 그대로 사업이나 투자를 위해 심는 '경제적 씨앗'인 거죠.

워런 버핏 같은 성공한 투자자들도 처음에는 소규모의 종잣돈으로 시작했습니다. 오랜 시간의 노력을 거치며 작은 종잣돈은 갈수록 커졌고, 마침내는 상상할 수 없을 정도로 거대해졌어요.

나무를 키우려면, 가장 먼저 씨앗이 필요합니다. 커다란 눈덩이로 굴리려면, 우선 작은 눈뭉치를 만들어야 하죠. 사업이나 투자도 마찬가지예요. 이것이 우리가 경제적 활동을 배우는 데 있어 종잣돈의 개념을 이해해야 하는 이유입니다.

껌과 콜라를 팔던 소년

워런 버핏은 주식을 중개하는 아버지 덕분에 유복한 가정에서 태어났다. 이로 인해 버핏이 쉽게 돈을 모을 수 있었으리라 많은 사람들이 착각하지만, 실제로는 또래 친구들과 달리 자신이 직접 돈을 벌어 모았다.

워런 버핏의 유년기를 들여다보면, 어린 나이부터 남다른 경제적 사고를 키워나 갔음을 알 수 있다. 여섯 살부터 이미 껌과 콜라를 판매하며 사업 수완을 발휘했던 에피소드는 그의 뛰어난 재능을 짐작하게 해 준다.

어렸을 때부터 할아버지

"10년 이상 투자할 것이 아니면 10분도 그 주식을 갖고 있지 말아라"

워런 버핏
Warren Edward Buffett , 1930~

오늘날 가장 성공적인 투자자 중 한 명으로, 그가 살고 있는 지역인 오마하의 이름을 따 '오마하의 현인'이라고도 불린다. 세계적인 투자사 버크셔 해서웨이의 회장이며, 오바마 미국 전 대통령의 경제 멘토로도 알려져 있다.

의 식료품 가게 일을 돕던 워런 버핏은 상품을 '싸게 사들여서 비싸게 판매하는' 기본적인 상업 원리를 직접 목격하고 체득했다. 그러한 경험은 그에게 직접 거래를 통한 이윤 창출의 아이디어를 주었다.

얼마 지나지 않아 버핏은 껌을 가게에서 구입한 뒤 거리로 나가 직접 판매하기 시작했다. 사람들은 편리하다는 이유로, 가게보다 조금 더 비싼 값을 지불하고 그의 껌을 구입했다.

이어서 콜라 판매로 넘어간 버핏은 한 세트에 여섯 병이 든 콜라를 구입하여 개별 판매로 수익을 극대화했다. 한 세트를 25센트에 구입하여 병당 5센트에 팔아 총 30센트에 판매함으로써, 콜라 한 세트를 팔 때마다 5센트의 이윤을 남겼다. 다시 말하지만 당시 버핏의 나이는 여섯 살이었다.

열세 살이 되던 해, 버핏은 신문 배달을 시작했다. 그는 남다른 계획성으로 신문 배달의 노하우를 키워갔다. 자전거를 이용하여 가장 효율적인 배달 경로를 정교하게 마련한 후 배달함으로써, 다른 사람들보다 빠르게 일을 마무리할 수 있었다. 이로 인해 그의 배달 지역은 나날이 늘어갔다.

　워런 버핏의 사업 감각은 여기서 멈추지 않았다. 고등학교에 진학한 그는 신문 배달로 번 돈을 가지고 중고 핀볼 게임기를 구입해서 이발소에 설치했다. 돈을 주고 가게 공간을 빌려 게임기를 설치한 뒤 핀볼 게임을 하는 손님들에게서 게임비를 받는 식이었다. 이발소 한편에 자리한 그의 핀볼 게임기는 고객들의 호기심을 자극했고 이는 수익으로 이어졌다.

열세 살

열다섯 살

효율적인 신문배달로
한 달 25달러의 소득

여섯 살

6병들이 콜라를 사서
낱병으로 판매해 세트당 5센트의 수익

이발소 공간을 대여한 후,
중고 핀볼 게임기를 설치하여
일주일에 50달러 수익

가게에서 껌을 사서
거리를 지나가는 사람들에게 팔아
약간의 이윤을 남김

▶ 어린시절의 워런 버핏

워런 버핏이 종잣돈을 키운 과정 : 껌에서 핀볼 게임기까지

사업을 시작한 지 얼마 되지 않아 게임기는 7대로 늘어나게 되었고, 신문 배달로 한 달에 꼬박 25달러를 벌던 버핏은 게임 사업만으로 일주일에 50달러를 벌 수 있게 되었다.

이렇게 소년 버핏은 다양한 시도와 도전을 통해 돈을 벌어 모으고 다시 투자하면서 자신만의 종잣돈을 차곡차곡 쌓아갔다. 껌과 콜라를 파는 것에서 시작해 신문 배달을 거쳐, 게임 사업으로 이어진 그의 이야기는 우리 모두에게 중요한 교훈을 준다. 성공을 향한 길은 언제나 열려 있으며, 그 시작점은 바로 자신의 발걸음과 노력에 달려 있다는 사실 말이다.

물건에 가치를 더하면 생기는 일

 "그럼 알바를 시작해야 하나요? 아직 저를 받아줄 만한 곳이 없는데요…."

경민은 버핏의 이야기를 듣자 시무룩한 표정이 되었다. 실망한 기색이 역력한 경민에게 혜민이 격려하듯 말했다.

"물론 알바를 해서 벌 수도 있지만, 학교 다니랴 학원 다니랴 바쁜 우리가 언제 알바를 하겠어? 부모님의 허락을 받기도 쉽지 않고 써주는 곳도 찾기 어려울걸. 하지만 다른 방법도 있어. 학생이라 할 수 있는 일이기도 해!"

"그게 뭔데요? 저도 해 볼래요!"

"일단 나는 다 읽은 책을 집에 두지 않고, 학교 중고 장터에서 판매했어. 물론 그냥 책을 팔지 않았고, 책을 읽은 감상문 메모를 책에 붙여서 중고 장터에 내놓았지.

그냥 책을 내놓았을 때는 살 생각이 없던 사람들도 감상문 메

모를 보고 나면 사고 싶은 마음이 든다고 하더라고. 덕분에 난 손쉽게 책을 팔 수 있었어."

"책은 별로 없는데…. 어쨌든 집에 있는 물건 중에 돈이 될 만한 걸 팔면 되는 건가요?"

경민의 말에 혜민은 화들짝 놀라 양손을 저었다.

"아니, 그렇다고 무턱대고 집에서 멀쩡히 쓰고 있는 걸 마구잡이로 팔아선 안 돼. 나중에 그 물건을 다시 사야 할 경우가 생기면 더 큰돈을 주고 구해야 할 수도 있으니까."

"사용하지 않는 쓸모없는 물건 중에 돈이 되는 걸 찾으라니, 이거 너무 어려운 미션 아니에요?"

경민의 볼이 부루퉁해졌다. 그 모습을 알아챈 안 쌤이 온화한 목소리로 말을 건넸다.

"쓸모없는 물건을 팔기보다는 가치를 더해 팔 수 있는 것을 찾아보렴. 예를 들어, 장난감이라면 깨끗이 청소해서, 혹은 컬렉션을 완성해서 판매하는 것도 방법일 거야. 물건에 얽힌 이야기도 가치를 높이는 방법이 될 수 있지.

중요한 건, 내가 더 이상 쓰지 않는 물건들을 중고 장터에 판매함으로써 나는 돈을 벌 수 있어 좋고, 물건을 사는 사람은 품질의 차이가 크지 않은 제품을 신상품보다 싸게 살 수 있어서 좋은 거래가 되어야 한다는 거야."

그 순간, 혜민이 뭔가 깨달았다는 듯 눈을 반짝였다.

"사는 사람 입장에서 살 만한 가치를 느끼게 하는 거요, 워런 버핏의 이야기에도 나온 것 같아요.

처음엔 사람들이 가게까지 가서 사야 했던 물건을 거리로 들고 나가 손쉽게 살 수 있게 했고요. 나중엔 이발소에 들른 사람들이 기다리는 동안 핀볼 게임을 할 수 있게 했잖아요. 심심하지 않게 해 주니, 돈을 내고 게임을 할 가치가 있었던 거죠!"

"바로 그거란다. 물론 버핏이 어린 시절부터 이런저런 일을 해서 돈을 모은 건 맞지만, 여기서 중요한 건 일의 종류가 아니라 자신의 일 그리고 판매하는 제품에 가치를 더했다는 점이야. 제품에 가치를 더하면, 더 많은 돈을 지불할 소비자를 찾을 수 있거든."

안 쌤이 빙긋 웃으며 말을 이었다.

"이걸 조금 어려운 말로 하면 '가치 창출'이라고 한단다. 기업들은 새로운 아이디어를 찾아내고, 그 아이디어를 상품화하지. 그리고 그 결과로 소비자에게 새로운 혹은 향상된 가치를 제공함으로써 이윤을 얻는 거야. 가치 창출은 기업 활동의 핵심이라고 할 수 있어.

중고 장터에서도 가치를 더한 물건이 잘 팔리고 이익을 내듯이, 시장경제에서도 가치를 창출하는 기업이 성공할 확률이 높겠지? 그렇게 해서 기업이 더 편리한 물건이나 서비스, 효율적인 해결책을 제시하면 그 자체가 결국 소비자에게도 이익이 되는 셈이야."

"우와, 신기해요. 제가 했던 일이 기업이 하는 활동과 기본적으로 비슷한 거였다니…!"

혜민이 감탄하고 있을 때, 경민이 의자에서 일어나 튀어나가듯 동아리 방을 나서며 말했다.

"우선은 빨리 집에 가서 뭘 팔 수 있는지, 뭘 팔아도 되는지 찾아봐야겠어요! 그리고 나서 가치를 높일 방법을 생각해 볼게요!"

당근마켓, '더하기'로 성공하다!

혜민의 이야기를 듣고 신이 나서 집으로 달려간 경민은 큰일이 난 것처럼 헐레벌떡 방으로 뛰어들어갔다고 하는데요. 책상과 책장 그리고 침대 밑을 매의 눈으로 스캔하면서 당장 팔 수 있는 물건이 무엇인지 살폈다고 합니다.

방에서는 적당한 물건을 찾지 못해서 다음으로 신발장과 창고방을 털기 시작했는데, 무엇을 찾길래 그리 호들갑이냐며 방 정리나 하라고 엄마에게 결국 한 소리 듣고 말았다네요.

하지만 창고방에서 큰 성과가 있었죠. 작년에 선물로 받았지만 발이 훌쩍 커버린 바람에 한 번 신고는 사촌동생 주려고 넣어두었던 신발, 그리고 아빠가 사용하다가 짝을 잃고 홀로 남겨진 무선 이어폰 한쪽과 케이스 등등.

환호성을 지르며 경민은 엄마에게 달려가 말했다고 합니다.

"엄마, 당근 어떻게 해요?"

사람들은 필요에 의해 구입한 상품 중에 더 이상 사용하지 않거나 새로운 상품을 구매하게 되면 보관하는 경우가 많은데요, 그렇지 않은 경우에는 중고 장터를 통해 판매하기도 합니다. 그리고 혜민이가 이야기한 것처럼 사람들은 필요한 상품을 조금이라도 저렴하게 구입하기 위해 중고 장터를 찾고 있죠.

과거에는 오프라인을 중심으로 소규모로 형성되어 온 중고 장터가 인터넷의 발달과 함께 온라인으로 확대되면서 시장 규모가 엄청나게 확대되었답니다.

얼마나 커졌는지 한 번 볼까요? 이미 국내 중고 거래 시장은 12년 만에 5배나 성장했는데48페이지 이미지 참고, 여기에 그치지 않고 2025년이 되면 2008년의 무려 10배 이상이 될 것으로 예상됩니다. 특히 코로나19 이후 앱 기반의 모바일 중고 거래 시장이 가파른 성장세를 기록하면서 전체 중고 거래 시장 역시 폭발적으로 성장하고 있습니다.

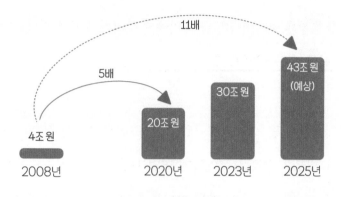

중고 거래 시장의 성장
자료 : 하나은행, 한국인터넷진흥원 등

이러한 성장세는 국내뿐만 아니라 전 세계적인 추세이기도 합니다. 전 세계 중고 거래 시장의 50퍼센트를 차지하고 있는 중고의류 시장은 2026년에는 2021년약 960억 달러(우리 돈 약 129조 원)과 비교해 127퍼센트 이상 커질 것으로 전망된다고 해요. 우리 돈으로는 293조 원에 이르는 어마어마한 시장이 되는 거죠.

현재 우리나라 중고 거래 시장에서는 당근마켓을 비롯해 4개 업체당근마켓, 중고나라, 번개장터, 헬로마켓가 치열한 경쟁을 벌이고 있는 데요. 그중에서도 가장 괄목할 만한 성장세를 나타내고 있는 업체는 당근마켓입니다.

당근마켓은 어떤 가치를 창출한 것일까?

"혹시 당근이세요?"

"네, 당근입니다!"

이 짧은 대화는 당근마켓에서 물건을 팔려는 사람과 사려는 사람이 만나는 첫인사이죠. 이 대화를 통해 당근마켓에서의 거래가 시작됩니다. TV나 유튜브를 통해 많이 들어봐서 익숙할 거예요. 실제 생활에서 경험한 분도 있을 테고요.

당근마켓은 다른 중고 거래 플랫폼들에 비해 비교적 늦게 사업을 시작했습니다. 하지만 코로나19를 계기로 중고 거래 시장이 폭발적으로 성장하면서 그 규모가 경쟁사들을 압도할 만큼 확대되었죠. 실제로 2018년에는 한 달간 당근마켓을 이용하는 사용자 수가 1백만 명이었는데, 코로나19가 발생한 이후인 2020년 8월이 되자 무려 1천만 명을 돌파했다고 해요.

이미 여러 중고 장터가 존재하고 있었는데, 당근마켓은 어떻게 이토록 빠르게 성장할 수 있었을까요? 그 비결은 '가치 창출'에 있습니다.

기존 제품에 근접성이라는 새로운 가치를 더하여 성공한 당근마켓

출처 : 구글플레이스토어

당근마켓은 사용자들이 가까운 이웃과 직접 거래할 수 있는 '근접성'이라는 새로운 가치를 제공했어요. 이로 인해 사람들은 더 안전하고, 편리하게 물건을 사고팔 수 있게 되었고, 지역 커뮤니티 활성화에도 기여했습니다. 이 근접성 덕분에 많은 사용자가 당근마켓을 선택하게 된 거예요.

여러분이 배웠던 발명 십계명 중 '더하기 발명'을 떠올려보면 좋습니다. 더하기 발명은 원래 있던 발명품이나 아이디어에 새로운 기능이나 특성을 더해서 새로운 가치를 창출하는 발명 방법이죠.

더하기 발명과 마찬가지로, 당근마켓은 기존의 온라인 중고 장터에 '거래의 근접성'이라는 새로운 요소를 더했습니다. 이웃과의 신뢰를 바탕으로 한 거래는 서비스의 신뢰성과 편의성을 한층 높였죠. 그 결과, 당근마켓은 시장에서 독보적인 위치를 차지하게 되었습니다.

앞서 워런 버핏이 종잣돈을 만드는 과정, 그리고 혜민이가 중고 장터에서 물건을 판매한 방법에 관해 알아보았는데요. 이처럼 가치를 더하는 것가치 창출은 단순하지만, 기업뿐만 아니라 우리 개인의 경제활동에도 적용되는 중요한 원칙입니다.

자, 그렇다면 과연 경민이의 종잣돈 만들기 첫걸음은 성공했을까요?

다음 장에서 확인해 보죠.

난이도 ★★★☆☆

02

지금 당장
기업의 주인이 되는
비결

투자 권하는 선배라니, 역시 수상해!

 "선배, 저 20만 원 모았어요!"

잔뜩 신이 난 경민이 동아리 방 문을 활짝 열며 외쳤다.

"집 안을 뒤져보니까, 저한텐 더 이상 필요 없는데 아직 쓸 만한 물건들이 많더라고요. 그래서 신발이랑 전자제품 몇 가지를 당근마켓에 올려 팔았더니 금세 20만 원이 됐어요!"

동아리 방 한편에서 책을 읽던 혜민은 '오~' 하며 자못 놀란 듯한 표정을 지어 보였다.

"추진력이 대단한데? 아무리 내가 방법을 말해줘도 실천에 옮기지 않는 친구들이 대부분이었거든."

"그동안 부모님께 용돈 받을 생각밖에 못했는데 다 선배 덕분이에요! 그런데 선배, 문제가 있어요. 더는 마땅히 팔 만한 물건도 없고, 아직 아르바이트도 못하는데 이제부턴 어떻게 돈을 모으죠?"

말이 끝나기 무섭게, 혜민이 오른손 검지 손가락을 치켜들며 말했다.

"맞아. 아무래도 그런 방식으로 돈을 모으는 건 한계가 있어. 그래도 경민이 넌 내 조언을 제법 잘 따라오는 것 같으니까 다음 단계로 넘어가 볼까?"

경민의 눈이 기대로 반짝였다.

"다음 단계요? 그게 뭔데요?"

그러자 혜민이 곧장 대답했다.

"바로 '투자'야."

주식 투자는 엄청 위험한 거라던데?

뭔가 엄청난 비결이 있을 줄 알았는데. 경민은 실망한 표정을 감추지 못한 채 물었다.

"엥, 투자라면 혹시 주식 투자를 말하는 건가요?"

"투자라고 해서 꼭 주식만 있는 건 아니지만, 우리 같은 학생들이 접근할 수 있는 건 주식 투자가 대부분이지. 앞으로 우리가 투자에 대해 이야기할 때는 주로 주식 투자라고 생각하면 될 거야."

"알겠어요, 선배. 그런데 전에 어른들이 이야기하시는 걸 몇 번 들었는데요, 투자는 위험한 거라면서…, 특히 주식에는 손대면 안 된다던데요?"

걱정스러운 눈빛의 경민을 바라보며 혜민은 조곤조곤 설명을 이어갔다.

"맞아, 저축과 비교하면 투자는 사실 위험성이 매우 높아. 투자한 회사가 잘 될 경우에는 주식 가격이 오르면서 투자한 돈보다 더 많은 이익을 얻을 수 있어. 하지만 사업을 잘하지 못해 기업이 망한다면, 투자했던 금액 전부를 잃을 수도 있거든."

"그렇게 위험한데 왜 투자를 하는 거예요?"

"위험이 높은 대신 투자에는 그만큼 높은 이익을 얻을 기회가 주어지니까. 방금 이야기한 것처럼, 회사가 사업을 잘하면 주식 가격이 크게 올라서 투자한 금액 이상으로 돈을 벌 수 있어. 그걸 투자 수익이라고 해.

반면에 저축을 통해 얻는 수익은 이자가 전부야. 은행에 저축하면 언제라도 고스란히 찾을 수 있지만 대신 이자가 매우 적어.

예를 들어 네가 지금 모은 돈 20만 원을 은행에 저축한다고 가정해 볼까? 금리가 2퍼센트 정도라면 그 돈을 은행에 넣어두어도 이자는 1년에 고작 4천 원에 불과해."

"헉! 그럼 저축만으론 워런 버핏 같은 부자가 될 수 없겠네요? 한 마디로 저축은 투자보다 안전하지만 수익이 적고, 투자는 저축보다 수익이 높지만 위험하다는 거죠? 그리고 부자가 되기 위해서는 저축만으로는 부족하니 투자를 해야 한다는 거고요."

"그렇다고 해서 무조건 투자만 해야 한다는 건 아니야. 저축과 투자, 둘 다 필요하다고 생각해. 난 둘 중엔 투자에 더 집중하는 편이긴 하지만."

경민은 혜민의 말을 듣는 둥 마는 둥, 생각에 빠진 표정으로 중얼거렸다.

"그러니까 투자를 해야 제 20만 원도 빨리 1백만 원, 1천만 원이 될 수 있다는 거잖아요. 결심했어요. 오늘부터 바로 시작할래요, 투자!"

경민의 갑작스러운 결심에 혜민이 웃음을 터뜨리며 말했다.

"너, 태세 전환이 너무 빠른 거 아니야? 방금 전만 해도 위험하다며 근심 걱정이더니. 맞아, 투자는 위험을 감수할 가치가 있어. 잘만 하면 네 종잣돈을 엄청 빨리 키울 수 있을지도 모르고.

	저축	투자
정의	돈을 안전한 장소에 보관하는 행위	자산을 구매하여 추가 수익을 목표로 하는 행위
목적	안전성, 필요시 즉각적인 사용	장기적인 자본 성장과 수익 창출
위험도	낮음	중간~높음 (시장 변동성에 영향을 받음)
수익률	낮음 (은행 이자 등)	매우 높거나 손해를 볼 수도 있음 (다양한 요인에 따라 변화)
상호 작용	개인은 이자 등 수익을 얻고, 은행은 이를 대출로 사용하여 경제적 활동을 지원함	투자자가 시장의 일원으로서 경제적 성장에 참여하고, 기업의 성패에 영향을 받음
의의	개인의 금융 안정과 긴급 자금 확보를 돕고, 국가 경제에 안정적으로 자금을 제공	기업의 혁신과 성장을 촉진함으로써 경제 전체의 발전과 일자리 창출에 기여

저축과 투자의 차이점

그런데 그게 전부는 아니야. 투자를 하거나 적어도 투자에 관심을 가져야 할 멋진 이유가 더 있거든."

"그게 뭔데요?"

주식 투자의 또 다른 의미

"투자하는 금액에 따라 기업의 소유권 일부를 갖게 되는 게 주식 투자야. 그렇게 해서 내가 투자한 기업이 성장하면 그 성과의 일부를 나눠 받을 수 있고, 반대로 기업이 어려워지면 나 또한 손해를 보게 되는 거지."

혜민의 말에 경민은 의아한 듯 물었다.

"그 얘긴 아까 했잖아요?"

"노노. 끝까지 들어봐. 그러니까 자본주의 사회에서 주식을 소유한다는 건, 적어도 투자한 금액과 기간만큼은 그 기업의 성패와 운명을 함께한다는 의미야. 그 기업의 일원이 되어 경제적 활동에 참여하는 셈이지.

이건 돈을 은행에 맡기는 것 이상의 영향력을 가져. 투자한 기업이나 산업이 성장한다면 사회적, 경제적 발전에 기여하는 거고, 그 과정에서 목소리도 낼 수 있어."

잠깐!

소득, 소비, 자산

소득, 소비, 자산은 개인과 가계의 재정 활동을 이해하는 핵심 요소입니다.

'소득'은 일을 하거나 서비스를 제공함으로써 얻는 금전적 보상입니다. 근로, 이자, 배당, 임대료 등이 해당돼요.

'소비'는 상품이나 서비스를 구매하는 행위입니다. 경제의 수요를 창출하여 경제 성장에 기여해요.

'자산'은 우리가 소유하고 있는 가치가 있는 물건이나 돈을 말합니다. 저축 계좌, 주식 계좌, 부동산 등이 포함되며, 미래의 소비나 긴급한 상황에 자금이 필요할 때 사용할 수 있어요.

우리는 소득으로 돈을 벌고, 소비를 통해 삶을 지속하며, 저축과 투자로 자산을 늘려 나갑니다.

정문 슈퍼마켓의 변신

 "그럼 우리가 투자할 '주식'이란 게 무엇인지부터 알 아볼까?"

혜민이 창밖을 가리키며 말했다.

"우리 학교 앞 정문 슈퍼마켓 알지? 사장님이 엄청 다정다감 하시잖아. 그리고 지금은 굉장히 규모가 큰데 처음에는 지금의 3분의 1 규모의 점포로 사업을 시작하셨대. 규모가 크지 않았으 니 100퍼센트 자기 돈으로 점포를 꾸리셨을 거야. 그럼 그때는 사장님이 정문 슈퍼마켓의 유일한 주인이었겠지?"

"그렇겠죠? 저 거기 단골이에요. 오늘도 아까 잠깐 들러서 초 코우유 하나 사 먹었어요."

"나도! 이제껏 수많은 선배들이 우리처럼 매일 같이 들르며 단골이 되었기 때문에 지금처럼 가게가 커진 거겠지?

그럼 몇 년 전으로 거슬러 올라가 보자. 타임머신을 타고 시간 여행을 한다고 생각해 보는 거야."

'시간 여행이라니, 유치하게….'

경민은 혜민이 무슨 이야기를 하려는지 전혀 감이 안 왔지만 일단 아무 말 않고 들어보기로 했다.

"장사가 아주 잘 되다 보니까 사장님은 점포를 확장하고 싶어 졌어. 더 넓은 매장에서 다양한 상품을 판매하면 손님이 더 많이 찾아올 테고, 그럼 수익도 더욱 늘어날 거라고 생각했거든.

그러려면 이전할 큰 점포도 필요하고, 지금보다 많은 상품을 구매해야 해. 당연히 처음 점포를 개설할 때보다 훨씬 많은 돈이 필요하겠지?

하지만 정문 슈퍼마켓 사장님은 그 많은 돈을 스스로 한 번에 마련하기 어려운 상황이었어."

"이미 점포를 마련하고 상품을 채우느라 큰돈이 들어갔는데 장사가 아무리 잘 된다고 해도 그렇게 큰돈이 며칠 만에 생기지 는 않을 테니까요."

경민의 빠른 대답에 혜민은 살짝 놀랐다. '제법인데'라는 표정으로 혜민이 말을 이었다.

"맞아! 그래서 사장님은 며칠 밤을 고민했다고 해. 그러다가 한 가지 기발한 방법을 생각해 내셨어. 평소 슈퍼마켓이 잘 된다는 소문을 듣고 관심을 보였던 친구들에게 슈퍼마켓의 소유권을 나눠줄 테니 자신에게 돈을 투자하라고 설득한 거야."

"아하, 짧은 시간에 점포를 키우고 상품을 채울 좋은 방법이 있었네요!"

주식회사에 대한 이해

"사장님은 주변 친구들에게 '정문 슈퍼마켓을 더 크고 훌륭한 가게로 키울 건데 나에게 지금 투자해 주면 먼 훗날 슈퍼마켓이 성장했을 때 더 큰돈으로 돌려주겠다'고 말하며 투자를 설득했어. 그러자 몇몇 친구들이 투자하고 싶다고 사장님을 찾아왔대.

그래서 사장님은 투자금을 받고, 투자금을 낸 친구들에게는 나중에 슈퍼마켓에서 벌어들인 수익을 얼마만큼 나누어줄지 표기한 증명서를 작성해서 각각 나눠줬어."

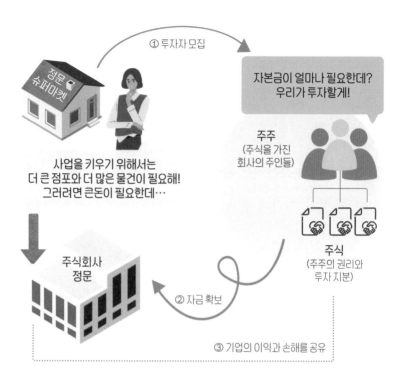

①투자자 모집

자본금이 얼마나 필요한데?
우리가 투자할게!

주주
(주식을 가진
회사의 주인들)

사업을 키우기 위해서는
더 큰 점포와 더 많은 물건이 필요해!
그러려면 큰돈이 필요한데…

주식
(주주의 권리와
투자 지분)

주식회사
정문

②자금 확보

③기업의 이익과 손해를 공유

정문 슈퍼마켓의 변신 : 개인의 회사에서 주식회사로

"증명서요?"

"응. 이 증명서가 바로 '정문 슈퍼마켓에 대한 소유권'인 '주식'이라고 생각하면 돼. 그리고 이 주식을 가진 친구들을 회사의 주인이라는 뜻인 '주주'라고 부르기 시작했지."

"앗! 그럼 사장님이 유일한 정문 슈퍼마켓의 주인이 아닌 건가요?"

"맞아. 그때부터 정문 슈퍼마켓의 주인은 더 이상 사장님 혼자가 아니었어. 애초에 사장님이 점포를 마련하느라 들어간 돈에, 점포를 넓히고 상품을 채우느라 투자받은 돈이 더해지면서 여러 사람이 회사의 주인, 즉 주주가 된 거지."

이야기를 듣고 있던 경민이 무언가 골똘히 생각하는 표정을 짓더니 한 마디 던졌다.

"음…, 주인이 여럿이 되면 뭔가 바뀌는 게 많을 거 같아요."

"우와, 이해가 엄청 빠른데? 맞아, 네가 생각한 것처럼 주주들은 주식을 가지고 있는 만큼 권리를 행사할 수 있게 돼.

사장님은 '정문 슈퍼마켓'에서 '주식회사 정문'으로 가게, 아니, 회사의 이름을 바꿨어. 그리고 투자받은 돈으로 사업을 키우고, 이익이 생기면 주주들과 나누겠다고 약속했지."

"주식과 주주의 개념이 뭔지 조금 알 것 같아요. 그렇지만 슈퍼마켓을 운영하는 건 여전히 사장님 혼자 아닌가요?"

경민은 알쏭달쏭한 표정으로 물었다.

사장님은 어떻게 되었을까?

●
●
●

 혜민은 그럴 줄 알았다는 듯 웃으며 대답했다.

"좋은 질문이야. 주식회사가 되기 전에는 사장님 혼자 회사의 주인이었지만, 이제는 여러 명의 주인이 생겼지?

이제 사장님은 '주주'이자 '경영자'가 되었다고 생각하면 돼."

"경영자요?"

"응! 경영자는 말 그대로 회사를 운영하고 관리하는 일을 하

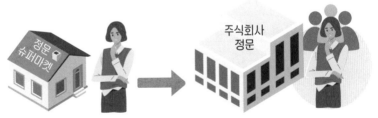

정문 슈퍼마켓의 유일한 주인   주식회사 정문의 주주 중 한 명이자 경영자

사장님의 변신 : 주식회사가 되기 이전 vs. 이후

는 사람을 뜻해. 아까 주식회사 정문은 더 이상 사장님 혼자만의 회사가 아니라고 했잖아? 그런데 만약 경영자인 사장님이 자기 마음대로 회사를 운영하려고 하면 어떻게 될까?"

"주주들이 가만있지 않을 것 같아요!"

"맞아, 만약 경영자가 주주들의 뜻을 무시하고 독단적으로 회사를 운영하려고 하면 나머지 주주들이 힘을 모아서 경영자를 바꿀 수도 있어. 주식회사의 주주들이 가장 원하는 건 자신이 투자한 기업이 이윤을 많이 내는 거거든."

"당연히 그렇겠죠!"

"그런데 경영자가 기업 운영을 잘 못해서 남는 것이 없다면 자신이 투자한 돈을 잃을 수도 있겠지?

그래서 때론 월급을 주어서라도 기업을 잘 운영해 나갈 전문경영인을 데려 오는데, 그러한 전문경영인을 최고경영자, CEO라고 불러. 너도 어디선가 들어봤을 거야."

경민이 주먹을 불끈 쥐며 답했다.

"네, 많이 들어봤어요. 멋있는 단어 같아요! CEO가 그런 뜻이었군요."

주주총회와 의결권

곧이어 경민이 걱정스럽다는 듯 말을 이었다.

"그런데 선배, 자신이 만든 회사인데도 주식회사가 되어 경영을 잘하지 못하면 쫓겨날 수도 있나요…?"

"맞아. 대개 최고경영자는 회사를 잘 운영해서 돈을 많이 번 만큼 보상을 받아. 반대로 일을 못하면 주주들이 모여 회의를 열고 그 자리에서 최고경영자를 물러나게 할 수도 있지.

경영자를 평가하고 보상하는 건 모두 주주들이 결정하는 거

어느 회사의 주주총회 장면

야. 너 혹시 '주주총회'라는 말 들어본 적 있어?"

"드라마에서 본 것 같아요! 학급 회의랑 비슷하던데요?"

"정확해! 우리가 반에서 학급 회의를 하는 것처럼, 회사에서도 주주들이 모여서 회사의 주요 사항들에 대한 결정을 내려. 그 회의를 주주총회라 하는 거고."

"그럼 선배도 주주총회에 가본 적 있어요?"

"아니, 아쉽게도 아직 없어. 지분이 적은 주주의 경우 보통 주주총회에 참석하지 않거든.

회의에서 의견을 내고 결정하는 권한을 '의결권'이라고 하는데 지분을 적게 가진 주주들은 의사 결정에 큰 영향을 끼치기 어렵기 때문이야."

혜민은 아쉬운 표정을 지었지만 이내 평정심을 되찾고 다음 이야기를 이어갔다.

"하지만 원칙적으로는 어떤 회사의 주식을 단 1주만 가지고 있더라도 누구나 주주총회에 참여할 수 있어. 그리고 내 의결권을 다른 사람에게 빌려주는 '위임'도 가능해."

왜 버크셔 해서웨이 주주총회에 열광할까?

버핏은 이렇게 말한 바 있다.

"가장 중요한 것은 당신이 하는 일을 즐기는 것입니다. 그러면 당신은 최선의 일을 하게 될 것입니다."

그런 의미에서 버핏의 버크셔 해서웨이만큼 주주총회를 잘 개최하는 회사는 없을 듯하다. 버핏 스스로가 그 어떤 경영자보다도 주주총회를 즐기기 때문이다.

버크셔 해서웨이의 주주총회는 워런 버핏에게 매우 특별한 자리이다. 그는 이 자리를 통해 자신의 투자 철학과 경험을 공유하고, 주주들과 직접 소통한다.

버핏과 그의 비즈니스 파트너인 고故 찰리 멍거(이 책이 나오기 불과 얼마 전인 2023년 11월 29일에 별세하셨다)는 매년 이 행사에서 5시간 동안 투자와 경제, 삶에 대한 다양한 질문에 답변한다. 이런 모습 때문에 이 행사는 '투자계의 우드스톡미국 역사상 가장 유명한 음악 및 예술 축제 중 하나'으로 불린다. 우드스톡이 음악과 예술의 장이었듯, 이 주주총회는 투자와 경제에 대한 지식과 정보를 나누는 축제의 장소인 것이다.

이 주주총회의 역사는 굉장히 오래되었다. 1960년대, 워런 버핏이 버크셔 해서웨이의 경영을 맡으면서부터 지금까지 이어져 오고 있다.

버핏과 멍거는 경제, 투자, 정책뿐만 아니라 인생에 대해서도 깊이 있는 답변을 내놓는다. 이들의 이야기에는 경제 이론, 역사적 사건, 인생의 철학 등이 얽혀 있다. 때로는 유머를 섞어 분위기를 화기애애하게 만들기도 한다.

주주총회는 회사의 성과를 알리는 자리임과 동시에, 버핏의 지식과 경험을 후세에 전달하는 교육의 장소이기도 하다. 이런 이유로 주주총회는 매년 투자자들에게 깊은 인상을 남기며, 금융계에서 매우 중요한 이벤트로 자리매김하고 있다.

의결권

주식을 보유한 주주가 회사의 중요한 의사 결정에 참여하고 투표할 권리를 의미합니다. 주주가 회사의 경영 및 운영에 영향을 미칠 수 있는 권한이 바로 의결권이죠.

주주총회는 회사의 중요한 사항을 논의하고 결정하는 행사로, 대부분의 회사는 정기적으로 주주총회를 여는데 일부 문제와 관련해서는 그 자리에서 투표가 이뤄지기도 해요. 주주들은 주주총회 자리에서 주주의 의결권을 행사할 수 있습니다. 투표를 통해 의견을 표현하고 회사의 방향과 전략에 영향을 미칠 수 있죠.

또한 주주는 주식 보유 비율에 따라 특정 제안, 이사 선임, 임원 보수, 재무 보고서 승인 등 다양한 의사 결정에 참여하고 투표할 수 있습니다.

이처럼 의결권은 회사의 주주에게 주어진 권리로, 회사의 경영에 대한 투명성과 책임성을 높이고 회사가 주주들의 의견을 존중하도록 하는 중요한 역할을 합니다.

주식을 사고 싶습니다만

 "이야기를 듣다 보니, 저도 주식을 사서 멋진 주주가 되고 싶어졌어요! 근데 주식은 대체 어디 가면 살 수 있는 거예요? 정문 슈퍼마켓 주식은 사장님한테 가서 달라고 하면 될까요?"

경민은 금방이라도 밖으로 튀어나갈 것 같은 모습이었다. 혜민이 고개를 휘저으며 작은 목소리로 중얼거렸다.

"어떨 땐 똑똑한 거 같고, 어떨 땐 아닌 것 같단 말이지…."

경민이 고개를 갸우뚱하며 말했다.

"엇, 선배! 방금 못 들었어요. 무슨 얘기였어요? 빨리 얘기해 줘요."

경민의 재촉하는 말투에 혜민은 피식 웃고 말았다.

"너, 진짜 성격 급하구나! 차근차근 설명해 줄게. 그럼 이제부터 주식시장에 대해 알아볼까?"

주식시장의 구성원들

"주식을 파는 시장이 따로 있나요?"

"당연하지! 시장경제를 채택한 모든 자본주의 국가에는 주식 시장이 존재해. 시장에서 물건을 사고파는 것처럼, 주식도 주식시장에서 사고팔지. 주식시장은 한 마디로 표현해서 개인과 기업이 모여 주식과 자본을 주고받는 장소라 할 수 있어.

잠깐!

주식시장과 증권거래소

주식시장은 회사의 주식을 매매하고 투자자들 간에 거래가 이루어지는 곳입니다. 그리고 주식시장을 마련해서 이러한 거래를 원활하게 관리하고 감독하기 위해 '증권거래소'라는 곳이 있어요.

우리나라의 한국거래소, 미국의 뉴욕 증권거래소와 나스닥, 영국의 런던 증권거래소 등이 대표적이죠. 투자자들은 증권거래소를 통해 주식을 구매하고 판매함으로써 더 안전하고 효율적으로 주식을 거래합니다.

이런 장소가 있다면, 당연히 관리하는 사람과 사는 사람, 파는 사람이 있겠지?

우선 관리하고 운영하는 역할은 '거래소'라는 곳이 해. 나라별로 여러 증권거래소들이 있는데, 거래소들은 주식시장을 엄격하게 규제하고 감독하는 역할을 하고 있는 거지.

주식시장의 또 다른 중요한 구성원은 기업과 투자자야. 기업은 자신들의 회사 지분을 주식의 형태로 판매해. 주식시장을 통해 필요한 자금을 얻을 수 있어.

그리고 투자자들은 주식시장에서 주식을 사거나 팔아서 수익을 얻어. 회사의 주식을 계속 가지고 있다 보면, 어떤 회사로부터는 성과의 일부를 배당이라는 형식으로 받기도 하고."

고개를 끄덕이며 듣고 있던 경민이 물었다.

"그런데 설마, 거래소까지 문서를 들고 나와서 직접 사고파는 건 아니죠? 정문 슈퍼마켓 사장님이 주주들에게 나눠주셨다는 증명서 말이에요."

"물론 아니지. 일반적으로 주식을 팔려는 사람과 사려는 사람은 증권사를 찾아. 주식을 팔려는 사람은 가지고 있는 주식을 증권사에 맡기고, 주식을 사려는 사람은 증권사를 통해 주식을 살펴보는 거야. 그리고 증권사는 주식을 팔려는 사람과 사려는 사람을 연결해 주고, 그 대가로 수수료를 받지."

"증권사? 그런 곳에서 청소년도 주식을 살 수 있어요?"

잠깐!
주식과 증권, 뭐가 다른 걸까?

주식은 기업의 소유권을 나타내는 용어로, 주로 기업이 발행하는 주식을 의미합니다. 주식을 보유한 사람은 그 기업의 주인이 되고, 해당 기업의 이익과 손실을 공유하게 되죠. 주식은 주식시장에서 매매됩니다.

한편 증권은 재산상의 권리와 의무에 관한 사항을 기재한 서류를 나타내는 용어예요. 증권사를 통해서 주식시장에 상장되어 있는 주식 외에도 채권, 파생상품, 펀드 등 다양한 금융상품을 포괄합니다. 그러니까 주식은 증권의 한 종류인 셈이죠. 증권은 투자자들에게 금융 자산을 소유하고 거래할 수 있는 권리를 부여해요.

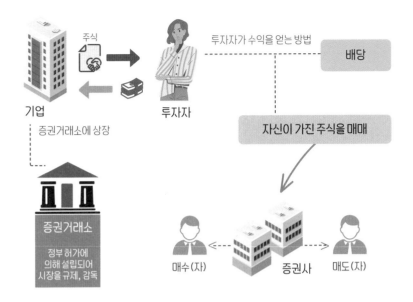

주식시장의 구성원들

"물론이지, 안 그럼 내가 어떻게 주식 투자를 하고 있겠어? 자, 기본적인 용어부터 알려줄게. 주식을 사는 걸 '매수'라고 표현하고, 반대로 주식을 파는 건 '매도'라고 해.

매수는 살 매買 자와 거둘 수收 자, 그러니까 사서 거둬들인다는 뜻이고."

"맞춰볼게요. 매도는 팔 매賣, 그리고 건널 도渡 맞죠? 팔아넘긴다는 의미고요. 서로 사고판다면, 사는 사람과 파는 사람의 마음에 따라 그때그때 가격이 달라질 것 같아요.”

혜민이 경민에게 엄지 척을 내보였다.

“헐, 대단한데. 그럼 다음으로, 주식의 가격은 ‘주가’라고 해. ‘주가가 올랐다’는 말 들어본 적 있어? 내가 처음 산 주식의 가격보다 지금의 주식 가격이 올랐다는 뜻이야. 가격이 오른 주식을 판다면 처음 샀을 때보다 많은 돈을 받을 수 있겠지?”

경민이 의기양양하게 답했다.

“주가가 올랐을 때 팔면 오른 금액에서 원래 산 금액을 뺀 만큼 이익을 얻겠죠!”

주식의 가격을 결정하는 것

“궁금한 게 있어요. 그렇다면 주식의 가격은 대체 어떻게 결정되는 거죠?”

“그건 간단해. 가장 기본적으로는 수요와 공급의 법칙에 따라서 결정되지. 예를 들면 네가 당근마켓에 이제는 구할 수 없는 한정판 운동화를 내놨다고 해보자. 그럼 그 물건을 찾는 사람은 아주 많겠지? 그럴 때 너는 누구한테 물건을 팔래?"

"당연히 제일 비싼 값을 주겠다는 사람이죠!"

"그렇지? 주식 가격도 마찬가지야. 내가 팔려는 주식을 사려는 사람이 많다면, 그걸 사려는 사람은 더 비싼 값을 치르고 주식을 얻으려고 할 거야. 그럼 그 주식의 가격은 점점 더 비싸게 매겨지겠지?"

"오호! 그럼 반대로 주가가 내려간다면, 주식을 사려는 사람보다 팔려는 사람이 더 많은 상황이겠네요?"

혜민이 이번에는 양손 엄지 척을 내보이며 말했다.

"정확해! 많은 사람들이 원하는 주식이지만 팔리는 양이 제한적이라면, 가격은 올라가. 그리고 반대로 매도하려는 사람이 많으면 가격은 떨어져.

하지만 모든 상황이 이렇게 단순하지는 않아. 주가는 경제 상황에 따라 달라지기도 하거든. 경제 상황은 보통 경기라고 표현을 하는데, 경기가 좋을 때는 주가가 올라가는 경향이 있어.

경기가 좋다는 건 사람들이 돈을 잘 번다는 뜻이고, 덕분에 소비를 많이 하니까 물건이나 서비스도 잘 팔리게 되지. 그럼 시장에 돈이 돌면서 활기를 띠게 되는 거야.

반대로 경기가 안 좋을 때는 주가가 떨어져. 사람들의 벌이가 좋지 않으니까 물건이나 서비스도 잘 안 팔리게 되고, 결국 회사는 돈을 벌기 어렵거든."

경민이 뭔가 떠오른 듯 말했다.

"사촌형이 코로나19가 끝나고 메타버스 시대가 올 거라고 관련된 투자를 엄청했대요. 곧 부자가 될 것 같다고 얘기하더니 요즘은 어떻게 됐냐고 물어봐도 답도 안 해요.

사람들이 메타버스 이야기를 안 하게 되면서 형이 투자했던 회사의 주가도 떨어진 걸까요?"

"어쩌면 그럴지도 몰라. 투자자들의 심리, 즉 시장의 분위기나 투자자들의 기대감 같은 심리적 요소도 주가를 결정하는 데 큰 영향을 끼치거든.

게다가 회사의 실적, 경제 전망이나 정치적인 문제, 금리랑 인플레이션, 업종의 전반적인 성장성 같은 거시경제적인 요인들도 주가에 영향을 미치지. 특정 기업에 발생한 사건이나 뉴스, 그러니까 신제품 발표, 법적 문제, 경영진 변화 등도 중요한 역할을 하고.

이런 모든 요소들이 복합적으로 작용해서 주식의 가격이 결정되는 거야."

"와, 여기까지 들으니까 약간 어렵게 느껴지는 데요. 선배는 대체 이런 걸 어떻게 다 아는 거죠? 선배 덕분에 궁금증이 많이 풀렸는데 대신에 오늘 배운 게 엄청 많아서 혼자 정리를 좀 해야겠어요. 알려주셔서 고맙습니다, 선배! 내일 다시 올게요!"

경민은 상기된 표정으로 동아리 방을 나섰다. 그 뒷모습을 보며 혜민이 뿌듯한 표정으로, 그러나 거의 들리지 않는 목소리로 말했다.

"사실은 오늘 얘기해 주려고 나도 엄청 공부한 건데. 보람이 있네."

버크셔 해서웨이 주주총회,
세계적인 축제가 되다

워런 버핏을 보기 위해 전 세계의 투자자들이 매년 5월 미국 중부의 조그마한 시골 도시에 모인다? 제가 2018년과 2019년에 걸쳐 두 번 다녀왔는데요, 실제로 그렇습니다!

할아버지와 아빠, 그리고 할아버지 손을 꼭 잡은 손녀까지 3대가 캠핑카를 타고 주주총회에 참석하는 모습을 보고 그야말로 깜짝 놀랐거든요. 최근에는 우리나라 주주분들도 많이 눈에 띄고 있고요.

버크셔 해서웨이의 주주총회Annual Meeting는 매년 5월 첫째 주 금요일부터 일요일까지 3일간 워런 버핏의 고향인 네브래스카주 오마하에 위치한 CHI헬스센터와 인근 행사장에서 진행됩니다.

CHI헬스센터 입장을 위해 줄을 서있는 참가자들과 출입구 앞 광경

2023년의 경우 5월 5일 금요일부터 7일 일요일까지 진행되었고, 2024년에는 5월 3일 금요일부터 5일 일요일까지 예정되어 있죠.

언젠가는 여러분도 참석할지 모르는 미국 오마하의 주주총회 현장으로, 미리 한번 떠나 볼까요?

주주총회 1일 차 : 금요일

버크셔 해서웨이의 자회사들이 참여하는 쇼핑데이가 시작됩니다. 쇼핑데이는 금요일과 토요일에 주주총회 본 행사가 열리는 CHI헬스센터 이벤트홀에서 40여 개 업체가 참여한 가운데

매년 새로운 디자인을 선보이는 크리덴셜

진행되는데요, 쇼핑 가능 시간은 정오부터 오후 5시까지입니다.

참고로, CHI헬스센터에 들어갈 때는 보안검색을 받게 되는데 이때 소지품 중 액체류의 반입은 불가하니까 주주총회에 참석할 계획이 있다면 기억해 두세요.

그리고 주주총회 참가를 위해 필요한 출입증인 크리덴셜Credential을 CHI헬스센터 공연장 출입구에서 발급하고, 주주총회 본 행사 참가자의 편의를 위하여 당일 점심 도시락 쿠폰도 판매한답니다. 또한 3일 차에 열리는 5K 달리기 대회유료의 사전 등록자에게 참가용품을 배포하는데, 현장 등록도 가능합니다.

주주총회 2일 차 : 토요일

주주총회 본 행사가 진행됩니다. 워런 버핏과 고^故 찰리 멍거 버크셔 해서웨이의 부회장이자 워런 버핏의 절친한 비즈니스 파트너를 더 가까이서 접할 수 있는 자리를 확보하기 위해 새벽 4시부터 CHI헬스센터 앞은 장사진을 이루죠. 제가 시차 때문에 새벽 2시에 잠에서 깨 창 밖을 보니 그 시간부터 줄 서 있는 참가자들이 많더라고요.

오전 7시가 되면 본 행사장의 게이트가 열리고, 오전 8시 30분에 주주총회 기념 영상이 상영됩니다. 영상에는 워런 버핏과 찰리 멍거를 비롯하여 버크셔 해서웨이 임직원과 관계자들이 다수 출연한답니다.

본 행사는 질의응답Question & Answer 형식으로 진행되는데 오전 9시 15분에 워런 버핏과 찰리 멍거가 자리에 앉은 후 시작됩니다. 질의응답은 오전과 오후로 나뉘어 계속되며 워런 버핏과 찰리 멍거가 자리를 지키며 질문에 대해 직접 답변합니다. 테이블에는 코카콜라와 씨즈캔디미국을 대표하는 100년 전통의 사탕, 버크셔 해서웨이

2022년에 이어 2023년 버크셔 해서웨이 주주총회를 생방송한 CNBC
이미지 출처 : CNBC 웹사이트 (buffett.cnbc.com)

자회사가 놓여 있어요.

정오부터 1시간가량의 점심시간이 끝나면 오후 3시 30분까지 질의응답이 계속되고, 오후 4시 30분부터 간단히 공식 주주 미팅이 시작되는데 대략 30분 내외의 시간이 걸리죠.

본 행사가 마무리되는 시점에 이벤트홀에서 진행하는 쇼핑데이도 마감되며, 오후 5시 30분부터 네브래스카 가구마트에서 다양한 먹거리와 볼거리가 있는 '버크셔 피크닉' 행사가 진행된답니다.

주주총회 3일 차 : 일요일

오전 8시에 달리기 대회인 〈버크셔 해서웨이 "인베스트 인 유 어셀프" 5K〉가 진행됩니다. 본 행사장인 CHI헬스센터 앞 도로 에서 출발하여 오마하 다운타운의 이곳저곳을 둘러보고 미주리 강변Missouri River에 마련된 결승점을 통과하는 5킬로미터 코스이 죠. 그런데 올해 코스를 보니 강변으로 가지 않았더라고요. 광경 이 아름다운 곳인데 말이죠.

재미있는 건 이 대회에서 1위를 하기 위해 1년 동안 준비한 후 죽을 힘을 다해 달리는 참가자들이 제법 있다는 사실입니다. 행 사 주최업체는 대회 기록을 개인별로 기록하고, 개인 사진과 함 께 참가자에게 제공하는데, 물론 유료입니다.

대회에 참가하는 주주들에게는 티셔츠와 기념품이 제공되고, 완주자에게는 워런 버핏 캐릭터가 그려져 있는 묵직한 기념 메 달이 주어진답니다. 달리기 대회지만 천천히 걸으며 오마하에 남아 있는 과거의 향기를 느껴보는 것도 충분히 가치가 있죠. 워 런 버핏과 버크셔 해서웨이 회사의 본고장인 오마하에서는 여 전히 역사적이고 전통적인 분위기를 느낄 수 있거든요.

**2023년 버크셔 해서웨이
주주 가이드북에 실린
달리기 대회 안내**

이 대회는 인터넷을 통해 사전 등록을 하면 참가비를 할인받을 수 있습니다. 하지만 주주총회와 함께 이 대회에 참가하고자 한다면, 현장에서 직접 등록하는 것을 추천해요.

이와 함께 오전 11시부터 오후 4시까지 열리는 보쉐임즈 쇼핑데이는 보쉐임즈 여성용 패션 및 액세서리를 제조하는 프랑스의 럭셔리 패션 하우스, 버크셔 해서웨이의 자회사 매장에서 진행되고, 보쉐임즈가 취급하는 주얼리와 시계 등의 상품을 전시하고 판매합니다.

이 책을 읽으시는 여러분도 언젠가는 버크셔 해서웨이의 주주가 되어 축제 같은 주주총회에 참여할 수 있을 거예요. 어쩌면 워런 버핏의 지혜를 직접 듣고, 투자에 대한 귀중한 통찰을 얻을 기회를 만날지도요. 그날을 꿈꾸며, 다음 장으로 계속해서 나아가 볼까요!

난이도 ★★★★☆

03

기업의
경제적 건강을
평가하는
방법

매출 계산쯤, 누워서 떡 먹기지!

 학교를 마치자마자 경민은 부지런히 집으로 향했다. '나도 주식을 살 수 있다는 말이지? 선배한테 뭘 사서 그렇게 많이 벌 수 있었냐고 물어볼 걸 그랬네. 에이, 그건 좀 그런가.'

고민하며 걸어가고 있는데 누군가 경민을 반갑게 불렀다.

"경민아!"

"삼촌! 어디 다녀오세요?"

바로 학교 근처에서 핫도그 가게를 운영하는 경민의 삼촌이었다.

"아침에 준비한 재료가 벌써 다 떨어져서 잠깐 장 보고 오는 길이야. 학교 끝났나 보구나. 출출할 텐데 삼촌 가게에서 핫도그 하나 먹고 갈래?"

"좋죠, 안 그래도 배고팠는데. 삼촌, 최고!"

가게에 도착해 핫도그가 노릇노릇 튀겨지기를 기다리는 동안, 경민은 문득 궁금해졌다.

'그러고 보니 삼촌도 가게의 사장님이잖아? 회사에 대해 궁금한 점이 많았는데 여쭤봐야겠다!'

때마침 삼촌이 맛있게 튀겨진 따끈따끈한 핫도그를 가지고 자리에 왔다. 경민은 핫도그를 받아 들며 신나서 외쳤다.

"와, 감사합니다. 잘 먹겠습니다!"

"그래, 맛있게 먹어. 학교 다니는데 힘든 건 없고?"

"음, 힘든 점은 없는데 궁금한 건 있어요! 제가 요즘 경제 동아리에 들어가서 투자 공부를 시작했거든요."

경민이 우쭐한 듯 말했다.

"허허! 아직 어린데 벌써 투자 공부라니, 대단한 걸! 그래, 뭐가 그리 궁금하니?"

"투자를 하려면 먼저 기업에 대해 알아야 할 것 같아서요! 근데 도대체 어떤 기업이 좋은 기업인 건지 감이 잘 안 잡혀요."

"음, 좋은 기업이라…. 꾸준히 돈을 잘 버는 기업이 아닐까? 다시 말하면 매출이 잘 나오는 기업?"

"매출이요?"

"그래, 매출. 기업을 볼 때 가장 기본이 되는 개념 중 하나지. 매출은 기업이 상품이나 서비스를 판매해서 얻은 총수익을 말해. 삼촌 가게로 예를 들면, 핫도그를 판매하고 얻은 돈이 매출이 되는 거야."

"그럼 매출이 높으면 그 기업이 잘 나가고 있다는 거군요?"

"맞아. 매출은 기업의 성장과 건강을 나타내는 중요한 지표야. 매출이 높으면 시장에서 제품이나 서비스가 잘 팔리고 있다는 뜻이고, 이는 기업이 경쟁력을 갖추고 있다는 걸 보여줘. 그래서 투자자들은 투자 결정을 내릴 때 기업의 매출을 꼼꼼히 살펴보곤 하지.

마침 삼촌 가게에 왔으니 이 핫도그 가게를 예로 들어 설명해 볼까?"

"네, 좋아요!"

핫도그를 한입 크게 베어 물고는 반짝반짝 빛나는 눈빛으로 경민이 우렁차게 대답했다. 삼촌이 곧 카운터에서 종이 몇 장과 펜을 가지고 와 경민의 맞은편 자리에 앉았다.

"삼촌 가게의 경우, 매출은 핫도그와 음료수를 판매하고 벌어들인 돈, 다시 말하면 손님들이 지불한 값의 총합이지. 다양한 메뉴가 있긴 하지만, 이해하기 쉽게 삼촌 가게에서 가장 잘 나가는 치즈 핫도그와 탄산음료만 가지고 계산해 보자.

치즈 핫도그 하나에 2,500원, 탄산음료 한 컵에 1,500원이야. 평균적으로 하루에 손님 100명이 와서 각각 핫도그와 음료수를 하나씩 사 먹는다면, 삼촌 가게의 하루 매출은 얼마일까?"

"2,500원 더하기 1,500원은 4,000원이고, 총 100명이면 40만 원이네요!"

"그렇지, 한 달에 5~6일 쉬고 매일 영업한다는 가정 하에 장사를 하면 월 매출은 얼마지?"

"40만 원 곱하기 25일 하면 1,000만 원이요! 와, 삼촌 한 달에 천만 원이나 벌어요?"

"그때그때 편차가 크지만 장사가 잘 될 땐 그렇게 버는 달도 있지. 근데 그 돈을 전부 삼촌이 가져가는 건 아니야."

혜민 선배가 4년 동안 모은 돈을 한 달 만에 번다는 말에 깜짝 놀란 경민은 그 돈이 모두 삼촌 것이 아니라는 말에 한번 더 놀랐다.

"네? 왜요? 삼촌이 사장님 아니에요?"

"사장이긴 하지만, 월 매출 전체가 내 월급이 되는 건 아니야. 매출은 단순히 우리 가게에서 벌어들인 총금액을 의미하지. 거기에서 고정적으로 나가는 비용이 있거든."

비용과 순이익, 생각보다 간단하잖아?

 "고정적으로 나가는 비용이라니, 그게 대체 뭐죠?"

"비용이란 말 그대로, 어떤 일을 하는 데 필요한 돈을 말해. 예를 들어, 기업에서는 제품을 생산하기 위해 필요한 원료 구입 비용이 여기에 해당해. 잘 생각해 봐, 경민아. 아까 삼촌을 만났을 때. 삼촌이 핫도그 재료가 떨어져서 시장에 다녀오는 길이라고 했지?"

"아…! 그렇네요. 핫도그 하나를 만드는데 들어가는 재료 값은 빼야겠네요!"

"맞아. 이때 판매된 상품의 생산원가 혹은 구입원가를 '매출원가'라고 불러. 간단하게 예를 들어보자.

치즈 핫도그 하나에 들어가는 매출원가가 1,000원이라고 해볼게. 그리고 음료수도 대량으로 저렴하게 구입해 오고 있으니까 한 컵에 약 500원이라고 하자. 그럼 매출원가는 총 1,500원이겠지?

그럼 여기서 퀴즈! 아까랑 똑같은 조건에서 매출원가를 빼면 한 달에 얼마가 남을까?"

경민은 고개를 살짝 들어 천장을 바라보며 혼잣말로 계산하기 시작했다.

"4,000원에서 1,500원을 빼면 2,500원이고, 하루에 100명씩 한 달이니까…. 2,500(원) × 100(명) × 25(일) = 625만 원이네요!"

"정답! 경민이 너 계산이 아주 빠르구나? 자, 어때. 갑자기 남는 돈이 확 줄었지?"

"그러게요…! 그래도 625만 원이면 엄청 큰돈 아닌가요?"

"물론 그렇지, 하지만 아직 제외해야 할 비용이 더 남아있어."

"헉! 여기서 비용을 더 빼야 한다고요?"

1천만 원에는 못 미치더라도 600만 원 이상이면 상당한 액수라고 생각하고 있던 경민은 삼촌의 다음 말에 화들짝 놀랐다.

"응, 우리 가게는 이 건물을 주인에게서 빌려 쓰고 있어서, 매달 150만 원의 월세가 나가. 이걸 좀 더 공식적으로 표현하면 '임차료'라고 하지. 남의 재산을 빌려 쓰는 대가란 뜻이야.

그리고 전기, 수도, 가스, 인터넷 등에 들어가는 비용을 통틀어 '관리비'라고 하는데, 관리비로도 대략 50만 원씩 내고 있어. 자, 그럼….'"

"삼촌, 또 퀴즈 내려고 그러시죠? 그 비용을 다 빼면 얼마가 남는지 말이에요!"

"앗! 들켰네. 그래, 경민아. 그럼 얼마가 남을까?"

"아까 625만 원에서 150만 원월세과 50만 원관리비을 빼면 총 425만 원이 남겠네요!"

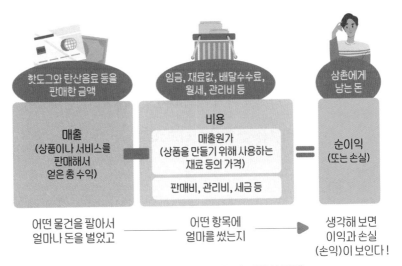

매출 (상품이나 서비스를 판매해서 얻은 총 수익)	비용 매출원가 (상품을 만들기 위해 사용하는 재료 등의 가격) 판매비, 관리비, 세금 등	순이익 (또는 손실)
핫도그와 탄산음료 등을 판매한 금액	임금, 재료값, 배달수수료, 월세, 관리비 등	삼촌에게 남는 돈
어떤 물건을 팔아서 얼마나 돈을 벌었고	어떤 항목에 얼마를 썼는지	생각해 보면 이익과 손실 (손익)이 보인다!

삼촌의 가게로 보는 매출, 비용, 순이익의 관계

"정답! 내가 조카 하난 아주 똑똑하게 잘 뒀네! 다 암산으로 해버리니 필기도구를 가져온 보람이 없는데."

수학은 그래도 곧잘 한다는 생각에 우쭐한 경민은 더 제외해야 할 것이 있는지 궁금했다.

"후훗! 이 정도는 껌이죠. 근데 삼촌, 혹시 아직도 계산 안 한 비용이 더 있는 건 아니죠?"

"음, 만약 삼촌 가게에 아르바이트생을 쓴다면 급여로도 비용이 나가겠지만 삼촌은 현재 가게를 혼자 운영하고 있으니까 추가적으로 뺄 비용은 없어.”

“아하! 그럼 최종적으로 사장인 삼촌이 한 달에 버는 돈은 약 425만 원인 거네요?”

“우리가 대략적으로 한 계산에 의하면 그런 셈이지! 그리고 이렇게 남은 돈 425만 원을 기업 입장에서는 ‘순이익’이라고 부른단다. 매출에서 각종 비용을 뺀 것이 순이익인 셈이지. 물론, 항상 이익인 것은 아니고 손실이 되는 경우도 있지만.

어렵지 않지? 하지만 실은 어른들도 잘 모르거나 헷갈려하는 ‘재무제표’의 기본 개념을 배우고 있는 거라고 할 수 있어.”

“재무제표?”

처음 듣는 낯선 네 글자에 경민의 미간이 움찔했다.

위험할까, 안전할까? 재무제표에 다 있다

 경민의 표정을 본 삼촌이 웃으며 말했다.

"쫄 필요 없어. 지금까지 잘 배워왔잖아? 기왕 시작한 거, 좀 더 이야기해 보자!"

'어쩐지 삼촌이 나보다 더 신난 느낌인데.'

경민이 생각하는 찰나, 삼촌이 자세를 고쳐 앉으며 설명을 시작했다.

"재무제표는 매출, 비용, 순이익 외에도 기업의 재정 상태를 나타내는 여러 중요한 정보를 담고 있어. 예를 들어, 기업의 자산, 부채, 자본 같은 것들이 있지. 이것들은 기업의 경제적 건강을 평가하는 데 중요한 역할을 해. 우리 가게를 예로 들어볼까?"

"네, 그게 더 이해하기 쉬울 것 같아요."

"먼저, 자산은 기업이 소유한 경제적 가치가 있는 모든 것들이야. 예를 들어, 우리 가게의 경우 자산에는 핫도그를 만드는 기계, 재고 물품, 현금 등이 포함돼.

반면, 부채는 기업이 빚진 돈이야. 예를 들어, 삼촌 가게의 부채는 월세나 대출금처럼 앞으로 지불해야 할 금액들이지.

그리고 자본은 기업의 순자산을 말해. 가게를 시작할 때 삼촌이 투자한 돈이 바로 초기 자본이 된단다. 영업을 시작하려면 초기 자본으로 핫도그 기계를 사고, 재료를 구입해야 하고."

경민은 조금 이해한 듯 고개를 끄덕였다. 삼촌이 설명을 이어갔다.

"하지만 여기서 끝이 아니야. 가게가 운영되면서 발생하는 이익도 자본의 일부가 되거든. 예를 들어, 가게에서 벌어들인 수익에서 모든 비용을 제외한 순이익이 있잖아? 이 순이익이 쌓이면서 삼촌의 가게 자본이 늘어나는 거야.

결국 자본은 삼촌이 가게에 투자한 돈과 가게 운영을 통해 벌어들인 이익을 합친 총액이 되는 거지."

비로소 이해가 끝났다는 듯 경민의 표정이 밝아졌다.

"아하, 삼촌의 가게 자본이 늘면 가게가 잘 운영되고 있다는 뜻이겠네요."

"맞아, 경민아. 자본은 기업의 재정 건강과 성장 가능성을 나타내는 중요한 지표야. 특히, 투자자들은 자본이 많은 기업이 더 안정적이고 성장 가능성이 높다고 평가하곤 하지."

경민은 고개를 갸우뚱하더니, 생각에 잠긴 듯했다.

"매출, 비용, 순이익까진 금방 알겠는데…. 재무제표는 정말 복잡하네요."

자산은 자본과 부채의 합

삼촌은 경민을 격려하며 말했다.

"처음에는 복잡해 보일 수 있어. 하지만 익숙해지면 간단한 개념이란다. 재무제표를 이해하는 간단한 공식이 있거든. 바로 '자산 = 자본 + 부채'라는 거야.

계속해서 삼촌 가게를 가지고 생각해 보자. 가게가 잘 돼서 자본이 늘어나면, 전체 자산에서 삼촌이 가진 돈의 비율이 늘어

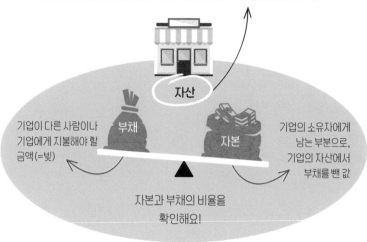

현금, 재고, 건물, 기계장치, 계약서, 특허 등 경제적 가치가 있는 모든 항목

자산

기업이 다른 사람이나
기업에게 지불해야 할
금액(=빚)

부채

자본

기업의 소유자에게
남는 부분으로,
기업의 자산에서
부채를 뺀 값

자본과 부채의 비율을
확인해요!

자산 = 자본 + 부채

나는 셈이지? 온전히 삼촌이 가진 자본이 부채보다 많을수록 삼촌 가게는 안전할 거야. 빌린 돈은 언젠가 돌려줘야 하고, 이자도 발생하니까. 그런데 만약 삼촌이 가진 자본보다 빌린 부채가 큰데, 어느 날 갑자기 은행에서 부채를 모두 갚으라고 한다면 어떻게 될까? 삼촌은 망하지 않겠어?"

삼촌의 말에 경민의 표정이 어두워졌다.

"헉, 정말 그렇네요! … 삼촌, 위험한 거예요?"

삼촌이 익살스러운 표정으로 경민의 머리를 헝클며 말했다.

"녀석. 비유야, 비유! 그러니까 이 개념들을 알고 있어야 한다는 거야. 이 모든 요소들을 고려해야 투자해도 안전한 회사인지, 아닌지를 평가할 수 있거든."

잠깐! 재무제표의 구성

재무제표는 기업이 돈을 얼마나 버는지, 얼마나 쓰고 있는지, 돈을 어떻게 사용하고 있는지 등을 보여주는 것이에요. 이를테면, 우리 통장에 얼마의 돈이 있는지, 그 돈을 어떻게 사용하는지 등을 기록하는 것과 비슷합니다.

재무제표는 다음과 같은 부분들로 구성돼요.

- 손익계산서: 수익과 비용을 보여주며, 특정 기간 동안의 이익을 계산합니다.

- 재무상태표(대차대조표): 기업의 자산, 부채, 자본을 나열하여 재무 상태를 보여줍니다.

- 현금흐름표: 현금이 어떻게 들어오고 나가는지, 즉 기업이 돈을 어떻게 관리하고 있는지를 보여줍니다.

건강과 성적, 두 가지 모두가 중요해!

곧 학원에 가야 할 시간이었다. 경민은 핸드폰으로 슬쩍 시간을 확인했다. 그 모습을 알아챈 삼촌이 손가락을 튕기며 말했다.

"마지막으로 정말 중요한 이야기 하나만 더! 기업이 얼마나 사업을 잘하고 있는지는 기업의 실적 발표를 통해 알 수 있는데, 이 실적 발표는 재무제표의 내용을 바탕으로 이뤄져.

매출에다가 손실과 이익, 즉 손익까지 종합적으로 합친 걸 실적이라고 해. 매출과 손익, 둘 다 중요하지만 손익은 기업의 실제 수익성을 보여주는 지표이기 때문에 특히 주의해서 봐야 해.

다시 말해 손익은 기업의 성과를 나타내고, 이 성과가 좋으면 기업의 주가도 올라갈 수 있어. 실적이 좋으면 투자자들은 그 기업에 더 많이 투자하려고 하니까. 반대로 실적이 나쁘면 투자를 꺼리게 되니, 주가가 떨어질 수 있지.

재무제표를 통해 기업의 건강 상태재정 건전 상태를 파악하고, 실적을 통해 그 기업이 얼마나 사업과 회사 경영을 잘했는지기업의 성공과 효율성 파악하는 건 엄청 중요한 일인거야."

경민은 삼촌의 설명을 듣고 조금씩 이해하기 시작했다.

"그러니까 재무제표 중에서 재무상태표는 건강 검진 결과 같은 거고, 손익계산서는 성적 같은 거죠? 축구선수가 유명한 유럽 리그에 영입되려면 경기에서 성적을 내는 것도 중요하고, 건강 상태도 좋아야 하는 거, 그런 거 아니에요?"

"오! 그렇게 생각할 수도 있겠구나. 아참, 이건 비밀인데…. 사실 삼촌도 주식투자 수익률이 상당히 좋아. 재무제표를 꼼꼼히 공부하고 분석하거든."

경민은 궁금한 듯 물었다.

"그런데 재무제표를 삼촌도 막 볼 수 있어요?"

"물론이지! 대부분의 주식회사는 매년 재무제표를 공개해. 특히 상장 회사_{주식시장에 자사의 주식을 공개적으로 거래할 수 있도록 등록한 회사}들은 더욱 투명하게 재무 정보를 공개해야 해. 이 정보는 주식시장에 상장된 회사들의 웹사이트나 금융감독원의 전자공시시스템을 통해서 쉽게 찾아볼 수 있어.

물론 처음엔 복잡해 보일 수 있지만, 공부하다 보면 점점 이해하기 쉬워져."

경민은 삼촌의 설명에 집중하며 고개를 끄덕였다.

"와, 그렇게 중요한 정보를 그냥 볼 수 있다니 신기해요. 저도 배워서 직접 보고 싶어졌어요."

삼촌이 자리에서 일어서며 말했다.

"언제 이렇게 컸냐? 나야말로 신기한데. 그리고 경민이 너, 며칠 전에 만났을 땐 회사 CEO가 꿈이라고 하지 않았어? 그렇다면 더더욱이 알아둬야 하는 게 재무제표야. 기업의 입장에서는 투자자와 채권자 같은 외부 이해관계자들에게 중요한 정보를 제공하기 위해 반드시 신경 써야 하는 문서거든. 다시 말해, 투자자들에게도, 기업에게도 모두 중요한 것이지."

경민은 삼촌의 설명을 듣고 눈을 반짝였다.

"삼촌, 진짜 대단한데요! 그런데 학원 갈 시간이 다 돼서요. 저 또 궁금한 거 생기면 찾아와도 되죠?"

"물론이지, 다음엔 동아리 친구들도 데리고 와. 삼촌이 또 맛있게 핫도그 만들어 줄게!"

"삼촌, 최고! 저 그럼 이만 가볼게요. 고맙습니다!"

가게를 나온 경민은 가벼운 발걸음으로 학원으로 향했다.

세계를 경악시킨 엔론 사태

앞서 경민이 재무제표를 건강 검진 결과에 비유했는데요. 만약에 누군가의 건강 검진 결과가 조작된다면 어떻게 될까요? 심지어 죽을병에 걸렸는데도 이상이 없다는 결과만 나온다면요? 매우 비극적인 운명을 맞게 될 것입니다. 치료 시기를 놓치는 것은 물론이고, 갑작스러운 병의 악화나 죽음에 주변 사람들 또한 큰 충격에 휩싸이고 말겠죠.

바로 이런 맥락에서 재무제표의 중요성을 알려주는 역사적인 사례가 있습니다. 바로 엔론 사태입니다.

엔론은 한때 미국에서 가장 칭송받았던 에너지 회사입니다. 무려 6년간1996~2001년 미국의 경제지 〈포춘〉에 가장 혁신적인 기업으로 이름을 올렸을 정도였으니까요. 뛰어난 사업 모델과 금융 수단을 활용해 기록적인 성장을 이루었답니다.

하지만 그들의 성공 뒤에는 경악할 만한 비밀이 숨어 있었어요. 바로 회계 조작을 통해 손실을 숨기고 이익을 부풀렸던 것입니다.

이는 주식시장에서 엔론의 주가를 인위적으로 높게 유지하는데 사용됐습니다. 실제로는 손실을 보고 있는데도, 재무제표에는 건강한 회사로 보이게 만들었던 거죠. 많은 사람들이 엔론의 재무제표 건전성을 믿고 큰돈을 투자했습니다.

그러나 이런 거짓은 영원히 숨길 수 없는 법.

2001년, 엔론의 실제 재정 상태가 드러나면서 회사는 순식간에 붕괴되었습니다. 이는 역사상 가장 큰 회계 스캔들 중 하나로 알려져 있죠.

2000년 10월 주당 80달러에 이르렀던 엔론의 주가는 결국 1달러짜리가 되었고, 2011년 12월 엔론은 파산 신청을 했습니다. 한때 매출액 기준으로 미국 7위의 기업이었던 엔론은 역사에서

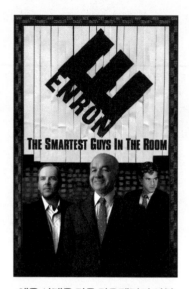

엔론 사태를 다룬 다큐멘터리 영화
<엔론 : 세상에서 제일 잘난 놈들>

이렇게 사라지고 맙니다. 그리고 회장은 24년 2개월 형을, CEO는 24년 형을 받아 수감됐어요.

엔론의 부정 회계로 인해 수많은 사람들이 일자리를 잃었고, 투자자들은 큰 손실을 입었습니다. 많은 사람들이 자신들의 저축과 은퇴 기금을 엔론 주식에 투자했기에 문제는 더 심각했죠. 오랜 세월 차곡차곡 모아두었던 연금마저 하루아침에 먼지처럼 사라져 버린 것입니다.

이 사건은 금융시장 전반에 걸쳐 큰 충격을 주었고, 회계 투명성과 기업 관리 방식의 중요성을 일깨워줬습니다.

엔론 사태 이후, 전 세계적으로 기업의 재무보고와 감사에 대한 규정이 강화되었습니다. 특히 미국에서는 2002년에 엔론 사태와 같은 회계 부정행위를 예방하고 대응하기 위한 사베인스-

옥슬리법sox이라는 것이 만들어졌어요.

'상장회사 회계 개선과 투자자 보호법'이라고도 불리는 이 법은 재정과 회계에 있어 매우 높은 수준의 책임을 기업에게 요구합니다.

이 법안은 미국뿐 아니라 우리나라의 회계 제도에도 영향을 미쳤습니다.

이제 투자자들은 재무제표를 더 신중하게 검토하고, 기업은 보다 투명하게 정보를 공개해야 하는데요. 이유는 다음과 같습니다.

첫째, 투자자 보호를 위해서입니다.

투자자들은 자신의 돈을 기업에 투자할 때 그 기업의 재무 상태를 알아야 합니다. 엔론 사례와 같이 잘못된 재무 정보로 인해 투자자들이 큰 손실을 입을 수 있으며, 잘못된 재무 정보는 투자자 보호와 금융시장의 안정성을 위협하기 때문이죠.

둘째, 기업의 신뢰성을 확보하기 위해서입니다.

기업의 재무제표가 조작되면 기업에 대한 신뢰가 무너질 수 있습니다. 투자자와 고객은 물론이고 협력사, 정부 등으로부터 신뢰를 잃고 정상적인 기업 활동을 하기가 어려워지겠죠.

중요한 것은 기업이 재무정보를 정확하게 보고하고, 기업을 투명하게 운영하는 것입니다. 투자자와 사회는 기업의 건강한 재무 상태를 신뢰하고 의지할 수 있어야 하니까요.

엔론 사태는 이러한 원칙을 위반하면 어떤 문제가 발생할 수 있는지를 보여주는 사례 중 하나로, 투자를 결정할 때는 이런 역사적인 사례들을 항상 기억하고, 꼼꼼히 기업을 분석하는 게 중요해요.

아무리 혁신적이고 성공적인 기업이라도, 재무적으로 투명하지 않고 윤리적이지 않으면 결국 큰 위험에 빠질 수 있습니다. 엔론 사태는 기업의 성공이 재무적인 투명성과 윤리성에 기반해야 한다는 것을 보여준 사례입니다.

난이도 ★★★★★

04

기업의 가치를
판단하는
3가지
기준

세 글자 이니셜들의 강력한 실체

 "선배, 저 결심했어요! 이제 정말 투자를 해보려고요!"

수업을 마친 경민이 결연한 표정으로 동아리 방에 들어오며 말했다.

"오, 지난번 나의 특강이 제대로 효과가 있었나 본데? 근데 어느 기업 주식을 살 건지는 정했어?"

"앗! 그건 아직요…. 안 그래도 선배에게 물어보고 싶어서 왔어요! 어제 학교 끝나고 집에 가는 길에 저희 삼촌을 만났거든요. 삼촌은 좋은 기업이란 꾸준히 돈을 잘 버는 기업이라고 하시던데…, 그럼 재무제표가 계속해서 개선되어 온 기업을 찾으면 되는 건가요?"

"벌써 그렇게까지나 공부한 거야? 엄청난데! 이미 재무제표가 뭔지 알았다니, 그럼 오늘은 기업 가치를 평가하는 방법에 관해 이야기해 줄게."

'기업의 가치라, 드디어 선배의 노하우를 알려주는 건가?!'

경민은 내심 기대하며 힘차게 대답했다.

"좋아요!"

기업의 수익성을 보여주는 EPS

"지난번에 이야기했듯이 주식의 가치는 다양한 이유로 시시각각 변화해. 그래서 기업의 가치를 정확히 평가하는 일은 진짜 진짜 중요하지. 조금 전에 재무제표가 계속해서 개선되어 온 기업이 좋은 기업이냐고 물었지?"

"네! 삼촌한테 들어보니까 단순히 매출만 잘 나온다고 전부가 아니더라고요. 매출에서 이런저런 비용들을 빼고 남은 순수익, 자산과 부채의 상태, 그리고 투자한 자본에 대한 수익률을 잘 살펴봐야 한다고 하셨어요. 재무제표에서 이 모든 정보를 찾을 수 있다고요!"

혜민은 경민의 열정에 감탄하며 대답했다.

"정확해! 그런데 재무제표가 계속해서 좋아졌는지 나빠졌는

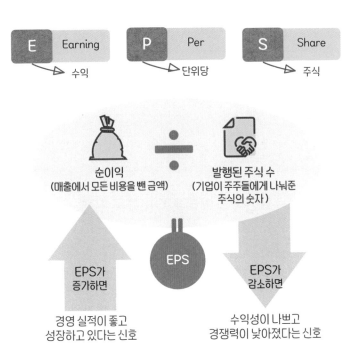

| E | Earning | | P | Per | | S | Share |

수익 / 단위당 / 주식

순이익
(매출에서 모든 비용을 뺀 금액)

÷

발행된 주식 수
(기업이 주주들에게 나눠준
주식의 숫자)

EPS가
증가하면

EPS

EPS가
감소하면

경영 실적이 좋고
성장하고 있다는 신호

수익성이 나쁘고
경쟁력이 낮아졌다는 신호

EPS가 알려주는 것

지 어떻게 알 수 있을까? 실제 재무제표는 어른들도 어려워해. 워낙 숫자가 많아서 뭘 봐야 할지 헷갈리기도 하지. 그래서 보다 빠르고 정확하게 판단할 수 있도록 기업들이 실적을 발표할 때 꼭 빠뜨리지 않고 공개하는 지표가 있어. EPSEarning Per Share라는 건데, 혹시 들어본 적 있어?"

"오늘 처음 들어보는데, 무슨 뜻인지 감도 안 잡히는데요…."

"EPS는 우리말로 '주당순이익'이야. 기업이 벌어들인 순이익을 그 기업이 발행한 총 주식 수로 나눈 값이지. 다시 말해, 기업이 한 주당 얼마의 순이익을 창출했는지를 나타내는 지표라고 생각하면 돼. 이를 통해 투자자들은 기업의 수익성을 한눈에 파악할 수 있어."

"아, 그러니까 순이익에서 각 주주에게 돌아가는 몫이 얼마인지 알 수 있다는 거군요?"

"정답! EPS가 높다는 것은 일반적으로 기업의 경영 실적이 좋다는 뜻이고, 그런 기업은 투자 가치가 높다고 볼 수 있어."

경민이 기대에 찬 목소리로 물었다.

"그럼 EPS가 몇이어야 높은 건데요?"

바로 그때, 동아리 방 문이 열렸다.

"안녕하세요, 쌤!"

혜민과 경민이 거의 동시에 인사를 하자, 안 쌤도 손을 흔들며 다가와 두 사람 곁에 앉았다.

"밖에서 들었어. 벌써 EPS 이야기라니, 경민이의 열정이 상상 이상인데! 혜민아, 얼마가 되어야 높은 EPS일까?"

"음, 절댓값보다는 비교값을 봐야 하지 않을까요? 비슷한 사업을 하는 다른 회사와 EPS를 비교해 봐야죠."

안쌤이 엄지를 척 들어 올려 보였다.

"역시 혜민이야. 맞아. EPS를 평가할 때는 단순히 수치의 높낮이만 볼 게 아니야. 해당 기업의 업종이나 시장 환경, 경쟁사와의 비교, 그리고 시간에 따른 EPS의 변화 추이 등을 함께 고려해야 해.

예를 들어, 비슷한 업종의 다른 기업들과 비교했을 때 EPS가 높다면, 그 기업이 경쟁사보다 더 효율적으로 이익을 창출하고 있다고 볼 수 있지.

반대로, 같은 기업의 과거 EPS와 비교해 지속적으로 감소하고 있다면, 그 기업의 수익성이 저하되고 있다는 신호일 수 있어. 그러니까 EPS를 평가할 때는 그 절댓값뿐만 아니라, 여러 맥락과 함께 해석해야 해."

"쌤, 제가 좀 더 설명해 봐도 돼요?"

혜민이 말했다.

"예를 들어, 우리나라에서 청바지를 만드는 A회사와 B회사가 있고, 둘이 비슷한 제품들을 만든다고 할게요. 그런데 A회사의 EPS가 B회사보다 훨씬 높다면, A회사가 경쟁사보다 더 효율적으로 이익을 내고 있다고 볼 수 있어요.

이런 식으로 비슷한 환경에서 비슷한 제품을 만드는 회사들을 비교해 봐야 해요.

그런데 만약 B회사의 EPS가 지난 몇 년 동안 꾸준히 감소하고 있다면, B회사의 수익성이 나빠지고 있다는 신호일 수 있죠. 그러니까 그 회사의 EPS가 지금까지 어떻게 변해왔는지 찾으면 경영이 잘 되고 있는지, 그리고 사업이 어떤 상황인지 어느 정도 짐작할 수 있어요."

혜민의 설명에 경민 또한 이해했다는 듯 힘차게 고개를 끄덕였다. 그러나 혜민은 약간 의심스러운 눈초리였다. 그 눈빛을 느낀 경민이 자신만만한 표정으로 말했다.

"어제만 해도 매출이며 EPS며 낯설고 어렵게만 느껴졌는데 생각보다 간단한 개념이었네요!"

경민의 말에 안 쌤이 응답했다.

"오케이! 경민이 네가 잘 따라오는 것 같으니까 지금부터 진짜 중요한 개념 한 가지만 더 알려 줄게. 방금 알려준 EPS를 이해했다면 이 개념도 어렵진 않을 거야!"

"헉! 아직도 알아야 할 중요한 개념이 또 있어요? 대체 그게 뭐예요?"

투자원금의 회수 기간을 알려주는 PER

"경민이 네가 지금 당장 어떤 기업의 주식을 사려고 한다고 생각해 봐. 그럼 결국 가장 궁금한 게 뭘까?"

경민이 잠시 고민하더니 큰 소리로 대답했다.

"흠…, 지금 제가 사려는 주식의 가격이 비싼 건지 아니면 싼 건지 판단하는 거겠죠?"

"그렇지. 바로 그걸 가늠해 볼 수 있는 개념이 PERPrice Earning Ratio'이야. 흔히 투자자들 사이에선 '퍼'라고 불리기도 하지. 우리말로는 '주가수익비율'이라는 뜻이고."

"주가수익비율이라니, 한국어인데도 무슨 말인지 모르겠어요…. 일단 계산하는 방법부터 알려주세요. 그럼 이해가 빠를 것 같아요."

"PER은 시장에서 거래되는 특정 회사의 주가를 주당순이익 EPS로 나눈 값이야. 여기서 질문! 한 주에 10,000원 하는 회사 주식이 1년에 주당 1,000원씩 순이익을 낸다면 PER은 얼마일까?"

"10,000 나누기 1,000원이니까··· PER은 10인가요?"

"맞아, PER이 10이라는 건 시가총액이 당기순이익의 10배라는 의미야. 당기순이익이 그대로 유지될 경우 10년 뒤에 이익만으로 투자금 전액을 회수할 수 있다는 뜻이지."

잠깐!

시가총액이란?

시가총액은 회사가 발행한 주식의 총 수주식 수에 그 주식의 현재 시장 가격주당 가격을 곱한 값입니다. 주식시장에서 한 회사의 총 가치를 나타내는 지표죠.

예를 들어, 아이폰을 만드는 회사 애플의 시가총액은 대략 3조 원이랍니다27페이지 참고.

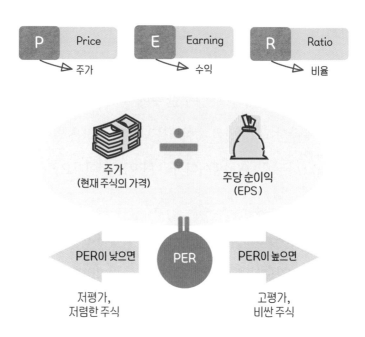

P **Price** → 주가

E **Earning** → 수익

R **Ratio** → 비율

주가
(현재 주식의 가격) ÷ 주당 순이익
(EPS)

PER이 낮으면 ← PER → PER이 높으면

저평가,
저렴한 주식

고평가,
비싼 주식

PER이 알려주는 것

'10년이라니, 너무 긴 거 아냐!? 신형 아이폰이 몇 번은 더 나올 시간이라고.'

울상이 된 경민의 마음을 읽기라도 한 듯, 혜민이 안 쌤에게 물었다.

"그럼 PER이 10인 기업은 싼 편인 건가요? 아니면 비싼 편인가요?"

"좋은 질문이구나! PER이 10이라고 해서 모든 투자자가 10년 내내 그 회사에 투자하지는 않겠지? PER은 가치를 평가하기 위해 사용하는 일종의 기준 중 하나란다.

일반적으로 10~15 정도를 기준으로 삼는다고 생각하면 돼. PER이 낮을수록 기업이 버는 돈에 비해 시가총액이 적다는 뜻이기 때문에 '저평가되었다' 또는 '싸다'라고 하는 거야. 반대로 PER이 높을수록 기업이 버는 돈에 비해 시가총액이 크다는 의미에서 '고평가되었다' 또는 '비싸다'라고 보는 거지."

잠시 후.

혜민과 경민은 함께 교문을 나섰다. 벌써 시간은 오후 3시 반을 넘어가고 있었다.

"오늘 동아리 방에 가길 잘했어요. 선배 얘기를 듣고 나니까 어떤 기준으로 기업을 봐야 되는지 이제 좀 감이 오는 거 같아요! 고맙습니다!"

"나야말로 도움이 되고 있는 걸. 다시 공부해도 쉽지 않은 내용인데, 경민이 네가 엄청 잘 따라와 줘서 놀랐어!"

"네, 선배!"

그리고 몇 초 망설이던 경민이 말했다.

"근데 너무 열심히 공부를 해서 그런가, 배가 고프네요. 저희 삼촌 핫도그 가게 같이 가실래요? 지난번에 동아리 이야기를 했더니 친구들이랑 같이 오라고 하셨거든요!"

배당, 우리도 받을 수 있다고?!

 "삼촌, 안녕하세요! 저 왔어요."

경민이 핫도그 가게에 들어서며 반갑게 인사했다.

"오, 그래. 경민이 왔구나! 오늘은 친구랑 같이 왔네? 그때 말했던 투자 동아리 친구니?"

"안녕하세요! 경민이 학교 선배, 홍혜민이라고 합니다!"

혜민도 예의 바르게 인사했다.

"어서 와. 혜민아, 반갑다! 경민이가 요즘 투자 공부를 아주 열심히 하던데 좋은 선배를 만난 덕분이구나! 여기 앉아서 잠시만 기다려. 삼촌이 금방 맛있는 핫도그 만들어 줄게."

삼촌이 콧노래를 흥얼거리며 주방으로 들어갔다.

잠시 뒤 따끈따끈한 치즈 핫도그와 음료수를 갖고 돌아온 삼촌은 여전히 싱글벙글 웃고 있었다.

"삼촌, 근데 무슨 좋은 일 있으세요? 오늘따라 기분이 엄청 좋아 보이시네요?"

"아, 티가 났니? 오늘 배당금 들어오는 날이거든."

"와, 배당금이요? 부러워요!"

혜민의 반응에, 경민이 궁금한 듯 고개를 갸웃했다.

"배당금? 그게 뭐예요?"

"녀석, 오늘도 내가 한 수 가르쳐줘야겠네. 배당은 회사가 벌어들인 이익을 주주들에게 분배하는 걸 말해. 전에 내가 기업이 영업 활동을 해서 돈을 벌면 이익이 발생한다고 말했지?"

삼촌이 웃으며 말했다.

"네, 기억나요!"

"기업이 영업 활동을 통해 이익을 얻으면, 그 일부를 주주들에게 지급해 주는데 그걸 '배당'이라고 해. 다시 말해, 어떤 기업이 돈을 많이 벌면 주주들도 배당금을 많이 받을 수 있어. 이 경우, 주주들은 단순히 주식을 가지고 있기만 해도 수익을 얻을 수 있지77페이지 그림 참조.

하지만 모든 기업이 배당금을 지급하는 건 아니야. 회사가 돈을 못 벌거나, 번 돈으로 다시 새로운 사업에 투자한다면 주주들에게 나눠줄 돈이 없겠지? 이런 경우엔 배당금을 나눠줄 수 없을거야. 이렇게 영업 활동에서 손실을 보거나, 기업이 수익을 재투자하기로 결정하는 경우 회사 정책에 따라 배당금을 지급하지 않을 수도 있어."

"그럼 배당을 받기 위해서는 기업이 잘 운영되어야겠네요!"

배당이 있는 주식 vs. 없는 주식

배당은 모든 주식에 주어지지 않습니다. 배당은 해당 기업의 이익과 이익을 주주에게 분배하는 정책에 따라 달라집니다. 그리고 이익을 주주에게 배당금의 형태로 지급하는 기업의 주식을 '배당주'라고 합니다.

한편, 이익을 재투자하거나 채무 상환 등 다른 용도로 사용하는 경우에는 주주에게 배당을 주지 않을 수 있습니다. 기업마다 배당 정책이 다르기 때문이죠.

얼마의 배당금을 받을지 궁금하다면 : 배당수익률

"그렇지, 그리고 배당과 관련해서 투자자들이 중시하는 또 다른 개념이 바로 '배당수익률'이야. 이게 무슨 뜻일까?"

삼촌이 질문을 던지자 가만히 핫도그를 먹던 혜민이 손을 번쩍 들고 말했다.

"배당수익률은 현재 주가로 주식을 샀을 때 배당으로 얻을 수 있는 수익률을 나타내는 지표예요!"

"역시 투자 동아리 선배는 다르구나. 아주 정확해! 배당수익률은 주가 대비 얼마만큼의 배당을 받을 수 있는지를 나타내는 비율이야. 기업이 주주들에게 지급하는 배당금의 총액을 현재 주가로 나눈 값이지.

자, 그럼 이번엔 경민이에게 퀴즈를 하나 내볼까? 예를 들어 주가가 1만 원이고, 주당 300원의 배당금을 지급하는 기업이 있다고 해보자. 그럼 이 기업의 배당수익률은 얼마일까?"

경민이 고개를 이리저리 돌리면서 잠시 생각에 잠겼다가 답했다.

"음…, 300원을 1만 원으로 나누면 0.03이니까 배당수익률은 3퍼센트인가요?"

"정답! 지난번에도 느꼈지만 경민이는 계산이 정말 빠르네."

기업이 배당금을 주는 이유

"제가 또 계산은 자신 있죠! 근데 삼촌, 물론 주주 입장에서는 이익을 나눠 가지니 좋지만 기업 입장에서는 배당금을 많이 줄수록 손해 아닌가요?"

경민이 고개를 갸웃하며 물었다.

"아주 날카로운 질문인데? 혹시 혜민이는 기업들이 왜 배당을 하는지 생각해 봤니?"

혜민이 기다렸다는 듯이 답했다.

"주주 친화적인 기업이라는 걸 보여주고 싶어서 아닐까요? 기업이 주주를 위하는 건 당연한 일이지만, 현실에서 모든 기업들이 주주 친화적인 태도를 가지고 있진 않으니까요.

어떤 기업은 소액 주주의 이익을 침해하면서까지 대주주의 이익만 챙기기도 하더라고요. 그런데 꾸준히 배당을 한다는 건 회사의 이익을 모든 주주들에게 돌려주는 거고, 그만큼 기업이 소액 주주를 생각한다는 걸 보여주는 행위 같아요."

"이야…, 대단한데? 이런 선배가 있다니 나도 그 투자 동아리에 들어가고 싶네. 혜민이가 짚어준 대로 기업이 배당을 하는 첫 번째 이유는 '주주 친화성의 표현'이라고 할 수 있어.

그리고 두 번째 이유는 '실적에 대한 회사의 자신감', 마지막 세 번째 이유는 '장기 투자를 위한 버팀목'이라고 할 수 있지."

"실적에 대한 자신감을 배당으로 표현한다고요?"

경민이 의외라는 듯 물었다.

"맞아. 아까 배당의 개념이 기업이 벌어들인 이익의 일부를 주주와 나누는 거라고 했지? 그럼 배당은 기업의 순이익 범위 내에서 이루어질 수밖에 없을 테니 배당의 원천은 실적이라고 볼 수 있지.

그런데 꾸준히 배당을 주던 기업이 어느 날 배당금을 축소한다고 발표하면 어떤 일이 벌어질까?"

"음…, 만약 제가 그 기업의 주주라면, 투자한 기업의 미래 실적이 걱정될 것 같아요!"

경민이 심각한 표정으로 답했다.

"그렇지, 그럼 불안해진 몇몇 주주들은 기업의 주식을 팔아버리려고 하겠지? 당연히 기업의 주가에 악영향을 미칠 거고. 그렇기 때문에 한 번 배당을 시작한 기업은 가급적 배당금을 줄이지 않으려고 하지.

다시 말해, 기업이 배당을 늘린다는 건 앞으로도 우리 회사가 이 정도의 배당은 할 수 있을 만큼 실적을 잘 낼 거란 자신감의 표현이란다."

"배당에 그런 의미가 담겨있다니 저도 몰랐던 내용이에요! 그럼 세 번째 이유인 '장기 투자를 위한 버팀목'이라는 건 무슨 뜻인가요?"

반짝이는 눈빛으로 혜민이 궁금하다는 듯 물었다.

"혜민이는 주식 투자를 해봐서 알겠지만, 주식은 언제나 리스크위험성를 가지고 있잖아? 그래서 현명한 투자자들은 분산 투자와 같은 방법을 통해 안전 장치를 마련하지. 높은 배당도 그런

안전 장치 중에 하나라고 보면 돼.

만약 지속적으로 은행 이자보다도 높은 수준의 배당을 지급하는 주식이라면 어떨까? 배당이 갑자기 줄지 않는 한 투자자는 매년 배당금을 받는 것만으로도 어느 정도 안정감을 느낄 수 있지 않을까?"

"오! 그렇네요. 배당금만 꾸준히 지급된다면 주가가 다소 지지부진하더라도 그 주식을 장기 보유할 거 같아요!"

혜민이 맞장구를 치며 답했다.

"맞아, 그리고 보통 높은 배당수익률을 보이는 기업들은 다른 투자자들도 관심을 가지게 되니 주가 상승 가능성도 높지. 일석이조의 효과랄까?

그리고 무엇보다 제일 중요한 건 배당이 얼마나 지속될 수 있느냐일 거야. 탄탄한 실적을 바탕으로 적절한 수준의 배당을 유지하면서 일부는 사업에 재투자하는, 그러니까 선순환 구조를 가진 기업이야 말로 좋은 기업이라고 할 수 있지."

"와, 저 이제 진짜 투자할 수 있을 거 같아요! 오늘 당장 집에 가서 어떤 기업의 주식을 살지 찾아볼래요! 삼촌, 고맙습니다!"

경민이 신나서 말했다.

"간식 정말 잘 먹었습니다! 다음에 또 놀러 올게요!"

혜민도 씩씩하게 인사했다. 삼촌은 뿌듯한 표정으로 경민과 혜민을 바라보며 인사했다.

"그래, 오늘 반가웠다. 또 보자꾸나. 조심히 가렴!"

주식이면 주식이지, 종목은 뭘까?

주식시장에서 거래되는 각 기업의 주식을 '종목'이라고 합니다. 예를 들어, 주식시장에서 특정 회사의 주식을 매매하려면, 해당 '종목'을 선택하여 거래를 진행하죠.

우리나라 주식시장에서 종목은 숫자 코드로 표시해요. 반면에 미국에서는 알파벳으로 표시하는데, 주로 기업의 이름이나 사업 내용과 관련이 있는 이니셜로 만듭니다. 예를 들어 애플의 종목 코드는 AAPL, 마이크로소프트는 MSFT, 코카콜라는 KO랍니다. 왠지 사명과 연결되죠?

배당주에도 족보가 있다

워런 버핏이 가장 강조하는 투자 원칙이 2가지 있습니다.

첫 번째, 절대 돈을 잃지 말라.

두 번째, 첫 번째 원칙을 잊지 말라.

두 가지 원칙 모두 투자한 돈을 잃지 않아야 함을 강조하고 있죠. 잃지 않는 투자, 어찌 보면 매우 어려운 일이지만 그래도 방법이 없는 것은 아닌데요. 바로 배당을 활용하면 됩니다.

한국에도 배당주가 있긴 하지만, 숫자가 미국에 비해 많지 않고 다른 나라의 주식시장만큼 배당 문화가 자리잡지 못했어요. 실제로 한국 주식시장에서 기업들의 배당 지급 비율은 평균 26.9퍼센트로, 이는 전 세계 평균35.7퍼센트보다 많이 낮습니다.

그러므로 여기서는 미국 주식을 중심으로 배당에 대해 설명하겠습니다.

배당금은 투자자들에게 안정적인 수익을 제공해 줄 수 있어요. 특히 미국 주식시장에는 배당을 꾸준히 지급하는 많은 기업이 있어서, 시장의 변동성에도 불구하고 주주들에게 지속적인 수익을 주는 안정적인 투자처로 평가받죠.

특히 연간 기준으로 배당수익률이 3퍼센트 이상인 주식을 고배당주라고 하는데요, 이들을 활용하면 기본적으로 연간 수익률을 3퍼센트 내외로 확보할 수 있습니다.

그리고 미국 기업들은 일반적으로 3개월에 한번씩 배당금을 지급합니다. 우리나라 기업 대부분이 1년에 한 번 몰아서 배당금을 지급하는 것과는 확연히 다르죠. 특히 매달 월세처럼 배당금을 지급하는 경우도 많아 투자자 입장에서 꾸준한 현금흐름을 만들 수 있다는 장점이 있어요.

그럼 수많은 배당주 중에 어떤 주식에 투자하는 것이 보다 안정적일까요? 바로 배당 증가 기간에 따라 배당주를 구분하는 기준을 활용하면 쉽게 선택할 수 있답니다. 배당 증가 기간이란 해당 기업이 배당을 얼마나 오랜기간 동안 지급해왔고, 또 지급해온 기간 동안 배당 금액을 꾸준히 늘려왔는지 여부를 알려주는 기준인데요.

배당 증가 기간에 따라 다음과 같이 배당주를 나누어볼 수 있습니다. 일종의 배당주 족보인 셈이죠.

- **배당왕**Dividend Kings　50년 이상 연속 배당 증가
- **배당귀족**Dividend Aristocrats　25년 이상 연속 배당 증가
- **배당성취자**Dividend achievers　10년 이상 연속 배당 증가

배당왕 50종목
영문 이니셜은 각 회사의 주식을 나타내는 종목코드

현재 미국 주식시장에 상장되어 있는 7천여 개의 종목133페이지 '잠깐!' 참고 중에서 배당왕에 해당하는 주식이 50여 개, 배당귀족에 해당하는 주식도 60여 개, 배당성취자에 해당하는 주식은 360여 개나 있습니다. 생각보다 정말 많죠?

다음 표에 배당왕, 배당귀족, 배당성취자에 해당하는 종목 중에 연간 배당수익률이 3퍼센트 이상인 대표적인 우량주를 담아놓았으니 미국 주식 공부할 때 가장 먼저 살펴보면 좋을 듯합니다. 참고로, 종목에 대한 자세한 내용은 도서《미국 주식 우량주 사전》을 참고해 주세요.

구분	종목명 (배당성장년수)
배당왕 (5개)	펩시코 (51), 타겟 (55), 존슨 앤 존슨 (61), 코카콜라 (61), 쓰리엠 (65)
배당귀족 (7개)	넥스트에라 에너지 (27), 아이비엠 (29), 쉐브론 (36), 엑슨 모빌 (40), 메드트로닉 (46), 클로락스 (46), 월그린스 부츠 얼라이언스 (47)
배당 성취자 (9개)	골드만 삭스 그룹 (11), 암젠 (11), 타이슨 푸즈 (11), 화이자 (12), 월풀 (12), 아메리칸 일렉트릭 파워 (13), 블랙록 (14), 텍사스 인스트루먼츠 (17), 버라이즌 커뮤니케이션스 (18)

출처 :《미국 주식 우량주 사전》2021

단, 잃지 않는 투자를 위해 고배당주에 투자할 경우에 반드시 고려해야 할 점이 있답니다.

우리가 흔히 주식을 구분할 때 '가치주'와 '성장주'로 나누곤 하는데요. 가치주는 안정적인 시장에서 이미 높은 점유율을 가지고 있는 탄탄한 회사들이죠. 그리고 성장주는 대형 기술주처럼, 변화하는 시장에서 성장 가능성이 매우 큰 회사들이고요.

그런데 고배당주는 대부분 가치주이기에 성장이 더딘 경우가 많습니다. 성장이 크지 않으니 주가 또한 많이 오르지 않아요. 다시 말해, 주식 가격만으로는 큰 수익을 기대하기 어렵습니다.

또한 배당주에 관심이 있다면 그 종목의 배당수익률뿐만 아니라 배당성향과 배당성장 등을 종합적으로 살펴봐야 하고요. 해당 기업의 매출성장률과 이익성장률도 함께 확인해야 합니다. 배당을 주기 위해 은행에서 돈을 빌리는 경우도 있거든요.

따라서 잃지 않는 투자 관점에서 접근한다면, 배당왕을 중심으로 배당 투자를 시작하는 것이 바람직하다는 점, 잊지 마세요!

난이도 ★★★☆☆

05

가격이 내려갔는데
저렴해진 게
아니라니?!

비싼 주식 vs. 싼 주식, 어떻게 구분할까?

●
●
●

'그럼 도대체 주식은 얼마 정도 하는 걸까?'

경민은 집에 돌아와 책상 앞에 앉자마자 컴퓨터를 켜고 구글 창에 '주식 가격'을 입력했다. 그러자 여러 증권사와 경제 사이트들이 검색되었다. 그중 '주식 시세'라고 나온 사이트에 들어가자 화면 가득 기업명과 주가, 등락율가격이 오르내리는 비율이 주르륵 나왔다.

코스피	코스닥	ETF		ETN			업종순	가나다순
가			세밀	11.560	2.21 %	한국수출포장	3.
가온전선	17.270	4.04 %	세방우	6.990	0.14 %	한국쉘석유	240.A
강남제비스코	20.700	0.49 %	세방전지	54.800	2.24 %	한국앤컴퍼니	12.A
강원랜드	15.560	1.30 %	세이버스틸지주	23.500	-1.88 %	한국자산신탁	3.A
광주신세계소열	1.904	2.09 %	세아특강	128.300	0.31 %	한국전력	17.A
공농	12.050	-3.91 %	세아제강지주	188.100	1.07 %	한국전자홀딩스	

주식의 현재 가격 = 주식 시세
출처 : 매일경제 증권, 국내증시 화면 캡처

"헐, 엄청 비쌀 줄 알았더니 만 원만 있어도 살 수 있는 거였 잖아!"

회사는 잘 모르겠지만, 싼 것은 몇백 원하는 것도 있었고 비 싼 것은 100만 원이 넘는 것도 있었다.

"와, 이건 570원밖에 안 하네. 오, 이것도 1,370원! 내 용돈으 로도 충분히 살 수 있다니?!"

이튿날 오후.

동아리 방문을 열고 들어서는 경민의 표정은 그야말로 '유레 카!'를 외치는 얼굴이었다. 마음이 급한 듯, 경민은 인사도 생략 하고 반가운 표정의 혜민을 향해 걸음을 옮기며 말했다.

"선배, 엄청난 걸 깨달아 버렸어요. 어제 주식들을 보니까 백 만 원부터 몇백 원짜리까지 있는 거예요. 만약에 몇천 원이나 몇 백 원짜리 주식이 나중에 몇십만 원이나 몇만 원 짜리가 되면 저 는 돈을 엄청 버는 거 맞죠?

가격이 싼 주식이면 아직 작은 회사일 테니까, 회사가 커질 때까지 기다렸다가 비싸게 팔면 되는 거잖아요!"

혜민은 당혹스러운 표정으로 양손을 내저었다.

"경민아, 잠깐! 한 주의 가격이 낮다고 해서 그게 다 작은 회사의 주식인 건 아니야!"

혜민의 말에 경민이 고개를 갸우뚱하며 의아한 듯 물었다.

"회사가 작으니까 주식도 저렴한 거 아니에요?"

가격이 비싼 회사가 큰 회사일까?

"주가는 회사 전체의 가치, 즉 시가총액121페이지 참고과 관련이 있어. 시가총액은 그 회사가 발행한 모든 주식을 현재 가격으로 환산한 금액의 합으로, 이건 주가와 직접 연결돼. 주가가 오르면 시가총액도 늘어나고, 내리면 시가총액도 줄어들지."

경민은 고개를 끄덕이며 말했다.

"그럼 주가가 낮은 회사가 반드시 작은 회사는 아니겠네요?"

"맞아. 예를 들어 볼게. 세모 전자는 주가가 1,000원이고, 네모 화장품은 주가가 10,000원이야. 그런데 세모 전자는 발행된 주식 수가 1,000주이고, 네모 화장품은 50주를 발행했어.

실제 기업 가치와 주가

만약 A회사의 주가가 500원이고 B회사의 주가는 5만 원일 경우, 여러분은 어느 회사가 더 투자하기에 안전하고 이익을 낼 수 있는 좋은 회사일 것이라 생각하시나요? 보통 우리는 싼 것이 비지떡이라며, 비싼 것이 더 가치 있는 것이라 생각하기 쉽습니다.

그러나 주가는 단순히 숫자로만 판단해선 안 됩니다.

만약 A회사가 최근에 큰 계약을 따내거나 혁신적인 제품을 출시했다면 어떨까요? 이런 뉴스는 회사의 미래 가치를 높입니다. 그런데도 주가가 500원 언저리라면, 이는 저평가된 주식일 수 있어요. 즉, 앞으로 가격이 오를 가능성이 높은 아직 저렴한 주식인 것입니다.

반면, B회사의 주가가 높더라도 그 회사가 만드는 제품의 수익성이 떨어지거나, 경영에 문제가 있다면 사실은 고평가된 주식일 수 있습니다. 오히려 가격이 떨어질 가능성이 있는 비싼 주식인 셈입니다.

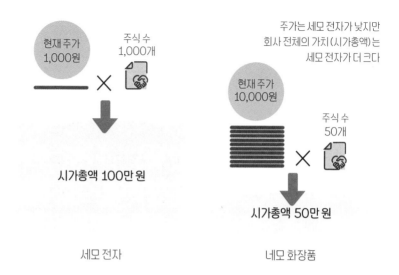

현재 주가
1,000원

주식 수
1,000개

주가는 세모 전자가 낮지만
회사 전체의 가치(시가총액)는
세모 전자가 더 크다

시가총액 100만 원

현재 주가
10,000원

주식 수
50개

시가총액 50만 원

세모 전자

네모 화장품

회사 전체의 가치(시가총액)는 어떻게 매겨질까?

세모 전자는 1주당 1,000원에 주식 수가 1,000개이니 회사의 시가총액은 100만 원이 되지. 네모 화장품은 1주당 10,000원에 주식 수가 50개이니 시가총액은 50만 원밖에 안 돼."

경민은 진지하게 듣고 있었다.

"그러니까, 단순히 주가만으로는 회사의 실제 가치를 판단하기 어렵다는 거군요."

"정확해. 시가총액은 회사의 주식 총수와 현재 주가를 곱해서 나오는 거니까. 그래서 주식을 분석할 때는 주가뿐만 아니라, 회사의 전체 가치, 즉 시가총액을 함께 봐야 해.

이런 관점에서 봤을 때, 현재 시가총액이 유사한 다른 기업과 비교해 저평가되었다고 생각된다면? 그 주식은 가치 대비 가격이 낮은 주가라고 할 수 있어. 이렇게 저평가된 주식을 찾아내는 것이 중요해."

경민은 고개를 끄덕였다.

"알겠어요. 그러니까 실제 회사의 가치를 분석하고, 그에 비해 저렴한 주식을 찾는 게 중요하다는 거죠?"

경민의 말에 혜민은 갑자기 좋은 생각이 났다는 듯 눈을 반짝이며 말했다.

"그럼 본격적인 투자 공부를 시작해 보는 게 어때? 만약에 정말 투자를 한다면 어디에 할지 진짜 기업을 찾아서 같이 이야기해 보는 거야!"

숫자보다 중요한 가치는 세상의 흐름에 있어!

 오후의 햇살이 따스하게 쏟아지는 동아리 방 안. 경민, 혜민, 그리고 안 쌤은 삼각형을 이루듯이 자리 잡고 앉아 있었다.

이틀 전, 두 사람은 안 쌤을 만나 본격적으로 '저평가'된 기업을 찾는 연습을 해보고 싶다고 이야기했었다. 안 쌤은 동의하면서도 한 가지 조건을 달았는데, 그건 우리나라 기업이 아닌 미국 기업 중에서 찾아보라는 것이었다.

의아해하는 두 사람에게 안 쌤은 이렇게 말했다.

"물론 언젠가는 우리나라 기업에도 관심을 가져야겠지. 하지만 선생님이 보기에 국내 기업을 조사하는 건 시기상조인 것 같구나. 일단 너무 많은 정보가 인터넷상에 혼재해 있어. 이걸 '과잉 정보'라고 한단다."

"정보는 많을수록 좋은 것 아니에요?"

경민의 물음에 안 쌤이 모니터 화면을 가리키며 말했다.

"지금 당장 국내 유명 기업 주식을 검색하면 이 모니터가 모자랄 정도로 많은 내용이 검색될 거야. 그중에는 중요한 정보와 덜 중요한 정보, 심지어 가짜 정보마저 섞여있지. 너희 같은 학생들은 공부할 시간도 모자란 판국에, 정보의 옥석을 가리느라 시간을 낭비해서는 안 돼."

'에이, 저희가 애도 아니고…'라는 경민의 표정에, 안 쌤이 틈을 주지 않고 말을 이었다.

"해외 주식, 특히 미국 주식은 실적이나 재무지표 같은 실제적 수치에 근거한 자료가 많아. 우리나라에서 접할 수 있는 기업 정보나 기사들 또한 비교적 사실에 초점을 맞추는 편이고.

우리가 평소에 접하는 세계적인 기업 대부분이 미국 기업이니, 관심 가는 곳을 찾기도 쉬울 거야. 일단 경민이 네 손에 지금 들려있는 코카콜라만 해도 대표적인 미국 기업이잖니? 심지어 배당왕134~138페이지 참고이라고 얘기했던 거 기억나지?"

"그러고 보니 코카콜라의 라이벌인 펩시도 미국 회사고, 워드랑 프레젠테이션을 만든 마이크로소프트도 미국 기업이니까…. 미국 기업 중에서 찾는 일도 어렵지 않을 거 같아요."

경민의 말에 안 쌤이 빙긋 웃으며 말했다.

"맞아! 게다가 미국 기업 정보를 찾다 보면 자연스럽게 영어 자료를 보게 될 테니, 영어 공부도 되고 일석이조 아니겠어?"

혜민과 경민이 이구동성으로 외쳤다.

"에이, 쌤. 그건 좀…."

무조건 저렴해진 기업을 찾으면 되는 거 아니었어?

그리고 시간이 흘러, 다시 동아리 방 안.

안 쌤이 먼저 이야기를 시작했다.

"저평가되었다는 건, 어떤 이유에서든 실제 가치에 비해 현재 주가가 저렴하다는 뜻이야. 이 부분은 지난번에 둘이 만나 많은 이야기를 나눴다지? 자, 그럼 어떤 기업을 찾아왔는지 경민이부터 이야기해 볼까?"

경민이 자신만만하게 작성해 온 노트를 펼쳤다. 경민이 조사해 온 회사는 최근 주가가 크게 떨어졌던 영화관 체인을 운영하는 A사, 그리고 공유오피스를 운영하는 B사였다.

경민이 목소리를 가다듬고는 말했다.

"A사는 영화관을 운영하는 회사예요. 한 때 1주에 300달러를 넘은 적도 있지만, 지금은 1/3인 100달러 정도밖에 하지 않아요. 코로나 때문에 그동안 사람들이 영화관을 찾지 않다 보니 회사 가치가 많이 떨어졌거든요. 하지만 이제 코로나도 끝났고, 많은 사람이 영화를 다시 보러 갈 테니 주가가 다시 오르지 않을까요? 그래서 저는 A사 주식이 저평가되어 있다고 생각합니다!"

하지만 혜민은 전혀 동의하지 않는 표정이었다.

"제 생각은 달라요! 일단 저부터도 영화관에 안 가고 넷플릭스로 집에서 편하게 최신 영화를 보거든요. 경민이 너도 지난번에 나온 시리즈, 재밌다고 나한테 꼭 보라고 했던 거 기억하지? 너도 영화관에 가서 보느니 넷플릭스 본다고 했었잖아."

"아니, 그건. 선배, 넷플릭스가 더 싸니까 그렇죠. 영화관 가는 가격이면 넷플릭스 두 달은 볼 수 있는걸요."

"맞아. 근데 그게 너뿐만 아니라, 전 세계적으로 모두가 그렇다면?! 다들 집에서 편하게 스트리밍 서비스로 영화를 보는 데 익숙해졌다면, 사람들이 과연 영화를 보기 위해 밖으로 나가려 할까?"

혜민이 안 쌤을 돌아보며 또박또박 말을 이었다.

"저는 이게 전 세계 사람들의 소비 습관이 달라진 거라고 생각해요. 코로나 때문에 영화관에 갈 수 없었던 것이, 이제 완전 습관이 되어버린 거죠. 그래서 A사의 주식 가격은 단순히 '싸진 것'이 아니라, 변화하는 세상에 적응하지 못해서 회사의 가치가 떨어진 거라고 생각합니다."

경민은 불만스러운 듯, 부루퉁한 표정이었다. 하지만 딱히 할 말이 없었다. 안 쌤이 나긋하게 이야기를 이어갔다.

"영화관으로 소비자들이 다시 돌아올지, 아닐지는 불확실해. 어쩌면 경민이 생각이 맞을지도 모르지. 사람들이 안심하고 영화관을 찾게 되면 주가가 오를지도.

하지만 단순히 가장 높은 가격보다 1/3 수준으로 떨어졌다는 사실만으로 '저렴해졌다'고 봐서는 안 돼. 왜 떨어졌는지, 그리고 코로나가 지나간 지금까지도 왜 원래의 가격으로 회복이 되지 않는지에 대해 고민해 봐야 한단다.

만약에 혜민이 말대로 정말 전 세계 사람들의 영화 소비 습관이 달라진 거라면, 영화관 체인을 하는 A사는 앞으로 좋은 매출과 수익을 얻기 어려울 거야. 그렇다면 저평가돼서 저렴해진 것이 아니라, 진짜로 기업의 가치가 낮아지는 데 따라서 주가도 저렴해진 것이라고 봐야할 테지.

다양한 사례를 살펴보면서 넓은 시야로 주식을 바라보는 안목을 키워보자. 경민아, 영화관 말고 또 어떤 기업을 찾아왔니?”

이제부터 경제 뉴스가 재밌어질 거야

경민은 준비한 노트를 다시 꺼내 들었다.

“여기 B사 주식이요! 다들 아실걸요? 공유오피스 회사예요. 완전 혁신적이죠. 사람들이 사무실을 서로 나눠서 쓸 수 있어요. 알파벳, 애플, 아마존 등 다들 실리콘밸리의 우상이잖아요. B사도 실리콘밸리의 혁신기업으로 공유경제를 만드는 공유오피스

가격과 가치는 다르다

벤자민 그레이엄은 20세기의 유명한 경제학자, 투자자, 금융 전문가입니다. 워런 버핏은 벤자민 그레이엄에게 많은 영향을 받은 것으로 알려져 있는데요, 일례로 버핏은 이렇게 말한 적이 있습니다.

"오래전, 벤자민 그레이엄은 나에게 '가격은 당신이 지불하는 것이고, 가치는 당신이 얻는 것'이라고 가르쳐줬습니다. 양말이든 주식이든, 저는 품질이 좋은 상품을 할인된 가격에 사는 것을 좋아합니다."

즉, 가격과 가치는 다른 것입니다. 예를 들어, 가격이 1만 원인 제품의 가치가 10만 원에 버금간다면, 그 제품은 저렴한 혹은 할인된 상태라고 할 수 있어요. 반대로 신발이 1천 원이라서 '우와, 싸다'라고 생각하고 샀는데 한 번 신고는 구멍이 나거나 헐거워져서 더 이상 신을 수 없는 것이라면, 결코 싸게 산 것이 아니란 뜻입니다.

이처럼 가격과 가치의 차이를 알고, 적당한 가격인지 아닌지 판단하는 능력을 기르는 것도 중요한 경제 공부입니다.

사업으로 전 세계적으로 유명해졌더라고요.

그리고 우리나라에도 들어와 있고요! 그런데 상장한 지 1년도 채 안 돼서 주가가 하락하기 시작하더니, 지금은 많이 내려와 있어요. 혁신적인 기업인데도, 기업 가치에 대한 평가를 제대로 받지 못하고 있다고 생각해요."

이번에도 혜민은 납득하지 못하겠다는 표정이었다. 혜민이 고개를 저으며 말했다.

"코로나 때 미국을 비롯한 전 세계에서 재택근무가 일반화되었고, 그렇게 2~3년이 흐르다 보니 많은 사람이 재택근무에 완전히 적응해 버렸대. 그래서 회사로 출근하는 걸 꺼리고 있다는 기사를 봤어."

"하지만 이젠 다들 회사로 돌아가지 않을까요?"

"그렇게 예상했지만, 실제로는 다르더라고. 특히 IT 개발자들은 재택근무로도 충분히 일을 할 수 있다 보니 전 세계를 여행하면서 업무를 하는 경우도 있대.

심지어 출근을 해야 할 때는 무조건 회사 근처에 집값이 비싼 동네에 살아야 했지만, 코로나 때 재택근무를 하면서 이미 집값이 저렴한 곳으로 이사를 간 사람도 많다고 해. 다양한 이유로 재택근무를 유지하는 사람이 그만큼 많은 것 같아."

혜민의 득의양양한 말에 경민은 당황했다. 경민은 도움을 구하는 눈빛으로 안 쌤을 바라보았다. 안 쌤이 경민에게 태블릿을 건네주며 말했다.

"자, 이 기사를 한 번 읽어볼까?"

도심 사무실이 텅텅 비고 있습니다. …… 사무실 공실률이 5분기 연속 증가했을 뿐 아니라, 1992년 이후 31년 만에 최고 수준입니다. 코로나 정점이던 때(18.5퍼센트)보다 높은 건 당연하고요. 역사적 최정점이던 1991년 19.3퍼센트에 가까워지고 있습니다.

—'미국 오피스빌딩이 텅텅 비었다…사무실 종말과 도심의 미래', 〈동아일보〉 2023.04.26

안 쌤이 말을 이었다.
"어느 한 회사만 보고 그것이 혁신적이라거나, 또는 주가가 낮아졌다고 생각할 수 있어. 하지만 모든 기업 활동은 결국 시장 그리고 산업의 흐름과 밀접하게 연결되어 있단다. 회사 하나만 보면 판단에 오류가 생길 수도 있는 이유지. 전체적인 시장과 산업의 흐름을 보지 않으면 안 돼. 그렇다면 공유 오피스 사업은 어떤 시장, 그리고 어떤 산업에 속할까?"

"음…, 오피스 시장과 부동산 산업이요?"

안 쌤이 격려하듯 경민의 어깨를 두드리며 말했다.

"정답이야! 경민이도 제법 아는구나. 그렇다면 이 경우엔 미국 오피스 시장이나, 부동산 산업 같은 것으로 검색해서 뉴스 기사들을 한 번 더 보았더라면 좋았겠지?"

"사실 재미없다고 생각해서 부모님이 경제 채널 보시는 것도 싫었거든요. 그런데 경제 기사도 봐야 하는 거군요…."

울상이 된 경민을 향해 혜민이 싱긋 웃어 보였다.

"나도 처음엔 쓰여있는 말들도 어렵고 딱딱해서 보기 싫었어. 그런데 내가 기업과 주식들에 대해 조사하다 보니까 어느 날인가부터 자연스럽게 관심이 가더라고.

음, 예를 들자면…. 실은 내가 코카콜라 주식을 가지고 있거든. 그러다 보니까 코카콜라나 탄산음료에 관한 뉴스를 찾아보고,

흥미도 느끼게 됐어. 요즘 내가 제일 재미있게 본 기사는 비만치료제 때문에 코카콜라의 주가가 내려갔다는 거였어."

"엥…? 비만 치료제랑 코카콜라가 무슨 상관인데요?"

혜민이 핸드폰을 꺼내더니 유튜브에서 뉴스를 찾아 틀었다.

탄산음료의 대표 주자인 코카콜라의 주가가 지난 여섯 달 동안 10퍼센트나 빠졌는데요, 이 코카콜라를 위협하고 있는 건 다름 아닌 비만 치료제라고 합니다. …… 이 비만 치료제가 인기를 끌자 코카콜라와 펩시콜라 등 글로벌 식품업체 주가도 영향을 받는 건데요. 식욕이 줄면 그만큼 탄산음료 소비도 줄지 않겠냐는 거죠.

—'코카콜라 주가 흔드는 비만 치료제?', 〈KBS 뉴스〉 2023.11.15

안 쌤이 말했다.

"경제 뉴스하면 어렵게 느껴지지만, 생각보다 우리의 일상과 밀접하게 연결되어 있단다. 경제 뉴스를 활용하는 방법은 크게 두 가지야.

첫째는, 평소에 우리가 자주 사용하는 제품이나 서비스를 만드는 기업을 찾는 거야. 그리고 그 기업이 속한 시장과 산업에 관련된 뉴스를 보다 보면 세상의 흐름, 즉 트렌드를 보는 눈을 기를 수 있지.

둘째는, 관심이 있는 산업이나 시장을 먼저 찾는 거야. 그리고 그 시장과 산업에 관한 뉴스를 보다 보면, 관련된 좋은 기업을 발견할 수 있어. 내 친구는 로봇과 장난감을 좋아해서 전문 채널들을 구독하는데, 덕분에 유망한 회사가 상장한다는 소식을 듣고 거기에 투자해서 좋은 성과가 났다더구나. 게다가 남들은 잘 모르는 알짜배기 회사를 나만 알 때의 즐거움도 있다고 해."

시장과 산업의 흐름을 읽어야만 하는 이유

현명한 투자로 유명한 워런 버핏조차도 시장과 세상의 흐름을 제대로 읽지 못해 실패를 맛본 적이 있다.

어릴 적 투자로 성공을 거둔 버핏은 성인이 되어서도 투자를 이어나갔다. 그 과정에서 다른 사람들의 돈을 모아 함께 투자를 하곤 했는데, 이 같은 투자가 성공하면서 버핏의 이름은 널리 알려지기 시작했다.

버핏은 많은 사람들에게 큰 수익을 안겨준 것은 물론, 자신만의 투자를 할 수 있는 자산의 크기도 함께 키워나갔다.

그러던 중 버핏은 버크셔 해서웨이라는 회사를 만나게 된다. 이 회사는 당시 방직 산업을 하고 있었는데, 버핏은 버크셔 해서웨이의 주식이 저평가되어 있다고 판단했다. 이후 몇 년에 걸쳐 점차적으로 버크셔 해서웨이의 주식을 더 많이 사들여 결국 회사의 경영권을 확보한다.

훗날 버핏은 이 회사를 자신의 투자 지주 회사_{주로 다른 회사들의 주식을 소유하고 관리하는 회사}로 전환시켰다. 버크셔 해서웨이는 방직 사업에서 벗어나 다양한 분야의 회사들에 투자하게 되었다. 이후 여러 기업을 인수하는 등 활발한 투자 활동을 펼쳐 오늘날에는 다국적 투자 기업으로 성장했으나, 그것은 나중 이야기이다.

한동안 버크셔 해서웨이를 인수한 것은 실패한 투자로 여겨졌으니, 그 이유를 알기 위해서는 버핏의 '담배꽁초 투자 전략'을 알아야 한다.

'담배꽁초 투자 전략'이란 과소평가된 주식, 즉 담배꽁초 같이 마지막 한 모금의 가치가 남은 주식을 찾아내서 투자하는 것이다. 즉, 회사의 가치에 비해 주가가 저평가되어 있는 주식들을 사서 이후 가치를 높여 되파는 전략이다.

문제는 이런 담배꽁초 투자가 사양 산업_{성장이 정체되거나 감소하는 산업}에 속해 있는 회사들을 대상으로 이루어졌다는 점이다. 그리고 그가 1962년 투자를 시작한 버크셔 해서웨이 역시 이미 사양 산업이 되어가고 있던 방직 회사 중 하나였다.

시장의 흐름과 반대로 가서는 이길 수 없다

방직 산업은 실을 뽑아 천을 짜는 것이다. 그러나 시간이 흐를수록 자동화가 이루어지고 경쟁이 치열해지면서 이전과 같은 값을 받기 어려워졌다. 자연히 버크셔 해서웨이의 실적은 나날이 기울었다. 버핏은 무려 20년간 고민하며 회사를 살리려고 무던히 애썼으나, 결국 버크셔 해서웨이의 가치를 높이지는 못한 채 방직 산업을 포기1985년하고 말았다. 버핏의 투자 인생에서 가장 큰 실수였다.

처음 10년간은 큰 효과를 냈던 '담배꽁초 투자 전략' 역시 시간이 지날수록 "치명적인 약점이 점차 명백해졌다."2014년 버크셔 해서웨이 주주서한 사양 산업에 속해있던 기업들은 장기적으로 성장할 수 없었고, 버핏은 이 투자법을 포기하게 되었다.

버크셔 해서웨이 다음으로 버핏이 실패한 사례는 쿠폰 사업의 하향세를 알아보지 못한 채 투자한 '블루칩 스탬프'이다. 1960년대 들어 미국에서는 작은 업체에서 발행하는 상품권과 쿠폰 사업이 크게 성장하고 있었다.

지금이야 뛰어난 IT 시스템으로 정확하게 자동으로 쿠폰 등의 프로모션 제도를 운영할 수 있지만 당시에는 전산 시스템이 거의 없다시피 했다. 그래서 소비자들에게 쿠폰을 직접 나눠주거나 물건을 구입하면 도장을 찍어주는 것이 전부였다.

이와 같은 쿠폰 제도는 사업장이 있는 지역별로 운영되었는데, 신문 등을 통해 나눠준 쿠폰을 소비자가 모아오면 사은품을 제공했기 때문에 뜨거운 인기를 불러일으켰다.

그리고 이러한 쿠폰 사업을 하는 회사 중 대표적인 곳이 블루칩 스탬프였다. 당시 쿠폰 사업으로 매출이 1억 달러를 넘길 만큼 호황을 누리던 상황이라 버핏은 이 회사에 눈독을 들이고 있었다.

블루칩 스탬프 쿠폰이 들어있던 박스 앞면

버핏이 블루칩 스탬프에 본격적으로 투자를 진행하

고 1970년대 초 지분의 50퍼센트 이상을 확보하면서 사업 지역 또한 더욱 넓어졌다. 그러나 이러한 때에 버핏이 예상하지 못한 것이 있었으니, 바로 대형마트의 등장이었다. (중동 분쟁에 따른 국제유가 폭등이란 문제도 있었으나, 다소 복잡하고도 재미있는 이야기이니 다음 기회를 기약하며 이 책에서는 다루지 않기로 한다.)

물류의 혁신 속에 대형마트가 이곳저곳 들어서면서 상품의 판매가격이 낮아지자, 일반 판매가격에 쿠폰을 통해 할인을 제공해 고객을 끌어모았던 지역 슈퍼마켓들이 한계에 다다른 것이다.

버핏은 실수를 만회하고자 쿠폰 제공 지역을 더 넓히고 업종도 슈퍼마켓에서 주유소로 더 확장했지만, 투입되는 돈과 달리 매출은 곤두박질쳤다. 쿠폰 산업이 죽어가고 있었던 것이다.

머지않아 블루칩 스탬프의 매출은 10분의 1 수준으로 추락했고, 1980년대 초 버크셔 해서웨이의 계열사에 의해 합병되고 나서야 어려움에서 벗어날 수 있었다.

워런 버핏이 알려주는 투자와 인생의 철학

앞서 언급한 워런 버핏의 두 가지 투자 원칙을 기억하나요? '절대로 돈을 잃지 않기'와 '첫 번째 원칙을 항상 기억하기'입니다. 이와 함께 워런 버핏의 투자 철학 중 두 가지를 더 알아두면 좋겠습니다.

첫 번째, 수익은 재투자하라는 것입니다.

워런 버핏은 열세 살 때 신문 배달을 통해 번 돈으로 핀볼 게임기 사업을 시작했습니다. 게임기 1대에서 나오는 수익으로 다른 게임기를 구매해 설치하고, 늘어난 게임기에서 벌어들인 수익으로 핀볼 게임기를 추가 구매하는 식으로 '재투자'해서, 1년 만에 40배가 넘는 수익을 올렸습니다.

20대 후반, 오마하로 돌아온 워런 버핏은 그의 가족 및 가까운 친구들과 파트너십을 맺고 투자금을 받아 '버핏 파트너십'이라는 투자조합을 설립했습니다. 이때 워런 버핏은 독특한 계약 조건을 제안했죠. 각 파트너십마다 100달러를 투자하고, 수익과 운용 보수 등 자신의 몫을 계속 재투자하는 조건이었는데요.

이를 통해 워런 버핏은 자신의 지분소유권의 일부을 계속 늘려갈 수 있었고, 6년 후 파트너십을 모두 통합할 때 그의 지분은 무려 100만 달러를 넘어섰다고 합니다.

버핏 파트너십의 특징

초기 자본   파트너십은 초기에 약 10만 달러의 자본으로 시작되었는데, 이 중 대부분은 파트너들이 낸 것이었습니다. 버핏 자신은 파트너십마다 단 100달러를 투자했습니다.

투자 결정   버핏은 파트너십의 모든 투자 결정을 담당했습니다. 그의 투자 전략은 주로 가치투자에 기반을 둔 것이었습니다.

수익 분배   버핏은 특정 비율을 자신의 수익으로 가져가고, 나머지는 파트너들에게 분배했습니다. 일반적으로 그는 연간 6퍼센트가 넘는 수익금액을 기준으로 해당 금액 중 25퍼센트를 가져갔습니다.

성장과 성공 이 파트너십은 매우 성공적이었습니다. 버핏의 투자 능력을 증명해 주었죠. 파트너십은 점차 확대되었고, 이어서 다른 투자자들도 참여하게 되었습니다.

30대 초반에 처음으로 버크셔 해서웨이의 주식을 매입한 워런 버핏은 40세에 이사회 의장이 되었고, 50대에 들어서는 회사를 완전히 소유하게 되었습니다.

그는 회사에서 발생한 수익을 주주들에게 배당금으로 나눠주는 대신, 회사의 성장을 위해 '재투자'하는 방식을 선택했습니다. 이러한 전략 덕분에 버크셔 해서웨이는 매년 20퍼센트가 넘는 이익 증가를 기록했습니다.

더욱 놀라운 것은, 이 같은 '재투자' 덕분에 버핏의 재산 중 90퍼센트 이상이 그가 60세가 넘은 이후에 형성되었다는 사실입니다. 이는 장기적인 관점과 일관된 투자 전략의 힘을 보여주는 좋은 예시입니다.

두 번째, 자기 자신과 자신이 투자한 기업을 믿으라는 것입니다.

'닷컴버블'이란 1990년대 말부터 2000년 초에 있었던 현상으로, 인터넷 관련 기업들의 주식 가치가 엄청나게 상승했다가 급격히 무너진 것을 말합니다. 기술 기업들의 가치가 급상승하던 그 시기에, 많은 투자자들과 시장 분석가들은 기술 혁신의 물결을 타고 빠른 성장을 추구하는 기업들에 열광했습니다.

이와 달리, 재정적으로 안정적이고 지속 가능한 사업 모델을 가진 기업에 투자하는 버핏의 방식은 시대에 뒤떨어진 것으로 여겨졌죠. 많은 이들이 그를 비판하고, 조롱하기도 했어요. 하지만 버핏은 흔들리지 않고 저평가된 기업을 찾아 꾸준히 투자하며 자신의 철학을 실천했습니다.

얼마 후, 세상을 달궜던 고위험 고수익의 기술주 투자는 결국 닷컴 버블이 붕괴되면서 끝을 맺었습니다. 기술 기업들의 주가가 급격히 떨어지며, 많은 사람들이 큰 손실을 입는 결과를 낳았습니다. 폭발적으로 성장했던 다수의 인터넷 기업이 파산하거나 심각한 재정적 어려움을 겪게 되었죠.

반면, 버핏은 닷컴버블의 영향을 받지 않았고, 심지어 이 기간 동안 자산이 늘어나기까지 했습니다. 버핏의 투자는 장기적인 가치와 기업의 본질에 중점을 두었기 때문입니다.

버핏은 잠깐의 유행이나 단기적인 수익에 집착하기보다는, 자신이 투자한 기업을 믿고 인내심을 가졌습니다. 그러한 믿음이야말로 오늘날 그를 세계적으로 존경받는 억만장자로 만든 원동력이 아닐까요?

자신의 투자 원칙에 따라 투자에 합당한 회사를 찾고, 투자한 회사의 가치를 믿으며, 그 회사가 제대로 성과를 낼 때까지 기다리는 것.

워런 버핏의 투자 방식은 때때로 지루하고 긴 기다림을 요구합니다.

하지만 회사가 제대로 성장의 길로 들어서면, 투자한 자산은 무서운 속도로 불어납니다. 인내심이 결실을 맺기 시작하면 여러분이 밥을 먹는 사이에도, 잠을 자는 동안에도, 이웃과 아침 인사를 나누는 순간에도, 심지어 이 글을 읽고 있는 지금 이 순간에도 그 가치는 계속 증가하게 되죠.

워런 버핏은 이런 말을 남기기도 했습니다.

"인생은 눈덩이와 같다. 중요한 것은 젖은 눈과 긴 언덕을 찾는 것이다."

성공을 위해서는 좋은 시작점_{뭉치기 쉬운 젖은 눈}과 지속적인 노력_{눈덩이를 오래 굴릴 수 있는 긴 언덕}이 필요하다는 뜻이에요. 오랜 시간과 끈기가 결국 큰 성과로 이어질 수 있다는 거죠.

워런 버핏의 투자 철학에는 이러한 인생철학 또한 담겨 있습니다. 여러분도 자신만의 '눈덩이'를 찾아 '긴 언덕'을 따라 꾸준히 노력하는 여정을 멈추지 말길 바랍니다!

06

가격이 높아도
비싼 게
아니다?

가치에 비해 가격이 저렴한 것을 찾아라

 동아리 방의 공기는 어느덧 학구열로 가득 차 있었다. 경민은 안 쌤의 이야기에 집중하며 눈을 반짝였다.

"좋아하는 분야를 찾아서 뉴스를 읽으면 된다고요? 그런 거라면 자신 있어요!"

그때 혜민이 장난기 어린 목소리로 말을 끊었다.

"저 알아요, 경민이가 관심 있는 건 스마트폰이에요. 그것도 최신 스마트폰이요!"

놀림을 당한 기분에, 경민의 얼굴이 순간 붉게 달아올랐다. 하지만 안 쌤은 예상외로 진지한 톤으로 대답했다.

"그것도 좋은 출발점이야. 스마트폰은 4차산업혁명의 기초가 되는 것 중 하나지. 정보기술은 물론, 반도체 산업에 대한 관심으로 확장시켜 볼 수도 있고 말이야. 스마트폰을 만드는 대표적인 기업인 애플이나 삼성전자 같은 회사를 연구하는 것도 좋은 공부가 될 거야."

안 쌤이 태블릿을 켜고 구글 검색창에 'AAPL'을 입력한 후 화면을 두 사람에게 보여주었다.

"하지만 우리는 일단 미국 주식에 한정해서 이야기하기로 했으니, 일단은 아이폰을 만드는 애플에 대해 한 번 알아볼까? AAPL은 애플의 주식을 사고팔 때 사용하는 코드란다. 이 알파벳을 검색하면 애플의 과거와 현재 주가, 시가총액, 수익률 등의 정보를 한눈에 볼 수 있지."

화면을 본 경민의 눈이 휘둥그레졌다.

"헉, 190달러2023년 11월 기준가 넘어요…! 1달러가 1,300원 정도 맞죠? 그럼 24만 7천 원이잖아요. 제 한 달 용돈은 5만 원밖에 안 되는데…."

"그래서 투자를 시작하려면 종잣돈을 모아야 한다고 했던 거야. 어떤 투자든 자본이 필요하니까."

어깨를 으쓱하며 혜민이 말했다.

방금 스마트폰 이야기에 이어, 어쩐지 혜민이 얄밉게 느껴진 경민의 말투가 퉁명스러워졌다.

"그래도 190달러라니, 너무 비싸잖아요. 이건 다른 회사들이랑 비교해 봐도 가격이 엄청 높아요. 그리고 이것 좀 보세요, 3년 전에는 70달러 정도밖에 하지 않았는걸요."

경민은 지원군을 기다리는 마음으로 안 쌤을 향해 고개를 돌렸다. 그런데 이번에도 안 쌤의 반응은 경민의 예상 밖이었다.

"글쎄, 이 경우에는 가격이 높아도 절대 비싼 거라 말할 수는 없을 것 같은데."

"비싸도 비싼 게 아니라니, 그건 또 무슨 말씀이에요."

경민은 혼란스러운 표정을 감추지 못했다. 안 쌤이 설명을 이어갔다.

"이제까지 저평가된 회사를 찾아야 한다고 이야기했었지? 단순히 가격이 낮다고 해서 항상 저평가된 것은 아니라고 말이야. 마찬가지로 주가가 높다고 해서 꼭 비싼 것만은 아니란다. 회사의 가치를 고려하면 여전히 저렴할 수도 있지. **가격과 가치는 동일하지 않고, 또 항상 합치되는 것도 아니기 때문에 생기는 현상이야.**"

안 쌤은 태블릿에 뭔가를 검색하더니, 신문 기사를 내밀었다. 기사 헤드라인에는 이렇게 적혀 있었다.

'88세 버핏의 후회… 애플에 더 투자했어야.' 조선비즈, 2017.07.29

안 쌤이 덧붙였다.

"보다시피, 심지어 투자의 대가 워런 버핏조차도 애플의 주식을 더 일찍, 더 많이 사지 못한 것을 아쉬워한 적이 있어. 이 기사가 나온 게 2017년인데 그때도 이미 많은 사람들이 애플 주식은 너무 비싸다고들 했었지. 하지만 이후로도 버핏은 애플 주식을 꾸준히 사서 모았단다.

버핏이 이 말을 한 이유는, 그의 투자 기준에 비추어 볼 때 당시에도 여전히 저평가된 상태였다는 걸 의미해. 버핏은 주가만 보고 판단한 것이 아니라, 회사의 실질적인 가치를 분석했던 거야. 그리고 그 판단은 틀리지 않았어.

버크셔 해서웨이가 운용하고 있는 투자 포트폴리오다양한 투자 내역을 나타내는 말, 더 자세한 설명은 198페이지 참고 자금의 절반을 애플에 투자한 결과, 애플 한 종목만으로 무려 약 34조 원260억 달러라는 어마어마한 이익을 얻었거든."

가격이 아닌 가치에 주목했더니

워런 버핏은 초기의 '담배꽁초 투자 전략'에서 벗어난 이후, 줄곧 안정적이고 신뢰할 수 있는 회사들에 투자하고 있다. 그는 비록 가격이 높을지라도 저평가되었다고 판단되는 주식에 투자하여 큰 성공을 거두었는데, 대표적인 예가 바로 애플이다.

버핏이 처음 애플에 투자한 건 2016년이다. 아이폰이 2007년에 나온 것을 생각한다면, 거의 10년이 지나고 나서야 투자를 시작한 것이다.

그때까지 버핏이 경영하는 버크셔 해서웨이의 투자 목록에는 은행, 음료, 식품 등 소위 필수품들과 관련된 회사들만 들어있었다. 사람들의 삶에서 없어서는 안 될 생필품이나 필수적인 서비스를 제공하며, 여기에 더해 최소 수십 년간 사업을 이어온 회사들만을 골라 안정적으로 투자했던 것이다.

그러한 회사들에 비해 애플은 상당히 위험해 보였다. 마이크 로소프트, 삼성전자 등 경쟁해야 할 상대가 너무나 많았기 때문이다. 심지어 경쟁 상대들이 독보적이라 불릴 만큼 강력하다 보니 버핏의 관점에서는 좀처럼 투자하기가 쉽지 않았다.

뿐만 아니라 스마트폰이라는 신산업의 등장이 버핏에게는 굉장히 당황스러웠다. 실제로 버핏은 IT 산업에 대해 부정적인 견해를 빈번하게 밝혀온 것으로 유명하다.

그는 1996년 주주들에게 보낸 주주서한에서 "IT 기업에 기대를 하느니 이미 좋은 성과를 낸 확실한 기업에 집중하겠다"며 부정적인 시각을 드러낸 바 있다. 2012년에 들어서도 버핏은 "애플, 구글 등 기술주에 투자하는 것은 너무 위험하다"라고 말하면서 IT 산업에 대해 여전히 부정적이었다.

하지만 충분한 신뢰와 신중한 접근 끝에 버핏은 애플에 크게 투자하기로 결정했다. 나아가 버핏은 2016년 애플에 처음 투자를 시작한 이후로 자신이 갖고 있던 IT 플랫폼에 대한 생각이 틀렸음을 인정하기까지 했다. 그는 애플을 더 이상 성장주가 아닌 가치주로 바라보며, IT 제품을 만드는 회사가 아니라 생필품을 만드는 독보적인 회사로 생각하기 시작했다.

당시 애플은 미국에서 가장 높은 가치를 인정받는 주식 중 하나였다. 주가도 이미 오를 대로 오른 상태였다. 2016년에 애플 주식을 처음 매입했을 때 주당 20달러대였던 주가가 190달러대 2023년 11월 기준에 이르렀다는 사실을 감안하면, 애플이야말로 버핏이 가장 저렴하게 잘 산 주식이 아닐까?

그렇다면 워런 버핏의 대표적인 투자 실패 사례로 꼽히는 버크셔 해서웨이의 주식은 어땠을까? 버크셔 해서웨이는 1983년 상장하고, 1985년 방직 사업을 포기한 이후 철도, 보험, 소비재 등의 사업을 영위하면서 초우량 기업으로 자리 잡았다.

덕분에 상장 첫 해인 1983년 1,160달러였던 버크셔 해서웨이의 주가는 10년이 되기도 전에 1만 달러를 상회하고, 2006년 10만 달러를 돌파했으며, 현재는 50만 달러2023년 11월 기준를 훌쩍 넘어서고 있다. 이런 꾸준한 성장은 버크셔 해서웨이 자체가 가치주로써 가지는 매력을 보여준다.

애플이나 버크셔 해서웨이와 같은 초우량주를 두고 흔히 '지금이 가장 저렴하다'고 말하곤 한다. 이 말에는 시간이 지남에 따라 더욱 가치가 상승할 것이라는 기대감이 들어있다.

가격이 비싸 보이더라도, 기업의 잠재력과 성장 가능성을 생각하면 장기적으로 보아 지금이 가장 저렴하게 투자할 기회란 뜻이다.

이처럼 투자에는 단순한 가격보다는 회사의 장기적인 가치를 보는 눈이 필요하다. 시간이 지날수록 가치를 인정받는 주식을 찾는 것, 그게 바로 버핏이 주는 교훈이다.

좋은 기업, 응원하고 싶은 사업을 찾아라

 동아리 방에서의 깊은 대화 후, 경민은 집에 돌아와 컴퓨터 앞에 앉았다. '워런 버핏처럼 장기간 가치가 오를 만한 주식을 어떻게 찾지?'라는 생각이 머릿속을 맴돌았다. 그는 투자의 대가들이 어떻게 '싼 주식'을 찾아내는지에 대한 궁금증을 해결하기 위해, 인터넷으로 경제 뉴스를 검색하기 시작했다.

'음. 과거에 비교적 저렴하게 평가받았던 회사라면, 지금까지 계속해서 가치가 오르고 있지 않을까? 그런 주식을 찾으면 공부가 될 것 같은데.'

뉴스를 뒤지던 경민은 워런 버핏이 장기간 보유하고 있는 주식들이 대부분 꾸준히 가격이 상승하고 있다는 사실을 발견했

주식이 아닌 비즈니스를 고르는 사람

버핏은 2022년 주주서한에서 "찰리와 나는 주식을 고르는 사람이 아니라, 비즈니스를 고르는 사람이다 Charlie and I are not stock-pickers; we are business-pickers."라고 언급했습니다. 그러면서 장기적인 비즈니스 성과에 대한 기대로 주식을 소유하며, 주식을 단순히 매매를 위한 수단으로 생각하지 않는다고 말했습니다.

다. 조사해 보니, 코카콜라와 아메리칸 익스프레스 같은 회사들은 거의 30년 동안 지속적으로 성장하는 추세를 보이고 있었다. 이들 주식은 언제 구입했든, 그 시점이 가장 저렴한 가격이었던 셈이다.

더욱이 이 주식들을 처음 구매한 시점에서 현재를 바라보면, 현재가 그 주식의 역사에서 가장 높은 가격대에 해당한다는 것을 알 수 있었다.

경민은 깊은 생각에 잠겼다.

'전에 배웠던 PER까지 살펴봤는데 모르겠어. 아메리칸 익스프레스의 PER은 12이고, 심지어 코카콜라의 PER은 20이라 애플이나 구글이랑 비슷한 수준이야. 그런데도 더 오른다고?!

아니, 어떻게 이런 주식들은 계속해서 주가가 좋아질 수 있는 걸까?'

전 세계적으로 유명한 버핏의 코카콜라 사랑

다음날 오후. 경민은 삼촌의 핫도그 가게에 들렀다. 가게에 들어오기 전부터 손에 콜라 캔을 들고 있던 경민은, 자리에 앉자마자 콜라 한 캔을 새로 꺼내 크게 한 모금 마셨다. 그 모습에 삼촌이 웃으며 말했다.

"콜라는 적당히 마시는 게 좋아. 그러다 치아 다 상하겠다."

경민이 멋쩍은 듯 대답했다.

"저는 많이 마시는 것도 아니에요. 제 친구 중엔 코카콜라 1.5리터를 매일 마시는 애도 있는걸요."

삼촌이 장난스럽게 물었다.

Warren Buffett's Ode to Coca-Cola

**버핏은 코카콜라 특유의 병(콘투어 보틀) 탄생 100주년을 축하하며
콜라 병 모양으로 특별 제작한 우크렐레를 연주하기도 했다**
상단의 QR코드를 스캔하면 해당 영상을 보실 수 있습니다

"경제 동아리에서 워런 버핏을 공부한다더니, 버핏을 닮으려고 콜라도 그렇게 열심히 마시는 건 아니지?"

그 순간, 경민의 머릿속에 번뜩 떠오르는 것이 있었다.

"맞다! 워런 버핏이 1988년부터 투자한 회사가 바로 코카콜라래요."

"버핏의 코카콜라 사랑은 유명한 이야기야. 매일 콜라 5캔은 마신다면서, 본인 스스로 '내 몸의 1/4은 코카콜라로 되어있다'

고 농담한 적도 있을 정도야. 코카콜라 주식은 평생 팔지 않을 거라고도 했지.”

“어린 시절에 6병들이 코카콜라를 사서 각 병당 5센트를 더 받고 되팔았다는 이야기를 들었어요. 이 정도면 거의 평생의 사랑인데요.”

삼촌이 싱긋 웃으며 말했다.

“어떤 기업에 장기적으로 투자한다는 건 그 회사가 가진 비전과 가치를 믿고, 그들이 하고 있는 사업을 응원한다는 거야. 투자자는 회사의 일부를 소유하고, 사실상 그 회사의 파트너가 되는 거지. 버핏은 코카콜라에 대적할 만한 훌륭한 비즈니스는 없다고 말한 적이 있어.

이 말은 그만큼 그 회사를 믿는다는 뜻인 동시에, 자신이 투자한 회사가 좋은 방향으로 사업을 계속해 나가도록 독려한 것이기도 해. 그리고 코카콜라가 좋은 실적을 계속 낼 수 있도록 버핏 자신이 열심히 홍보대사 노릇도 톡톡히 하고 말이야.”

“버핏 덕분일까요? 코카콜라는 이미 엄청 큰 회사인데도 가치가 계속 오르고 있더라고요. 정말 신기했어요.”

삼촌이 스마트폰 화면에서 뭔가를 검색하더니 말했다.

"현재 주식 가격과 발행 주식 수를 곱해본 시가총액이 우리 돈으로 320조 원2023년 11월 기준이 넘는구나."

경민이 눈을 크게 뜨며 말했다.

"그러니까 말이에요! 2023년 초에 삼성전자 시가총액이 330조 원이었는데, 코카콜라가 삼성전자만큼 큰 회사란 말이죠. 전 이번에 처음 알았어요.

그런데 삼촌! 이미 회사 가치가 굉장히 크고 비싼 주식인데, 어떻게 꾸준히 오르고 있는 걸까요?"

코카콜라의 가치가 계속해서 상승하는 이유

삼촌이 검색창을 들여다보며 말했다.

"회사 가치가 높은 건 사실이야. 하지만 정말 비싸다고 볼 수 있을까? 코카콜라의 연 매출이 이미 60조 원에 달하고, 순이익도 12조 원을 넘어서는 걸."

"우와, 매출이 60조 원이라고요? 그러면 5년 동안 회사 가치

만큼 벌 수 있겠네요. 순이익만 따지면, 20년을 좀 넘게 벌면 또 다른 코카콜라 회사를 세울 수도 있겠어요"

삼촌이 고개를 끄덕이며 대답했다.

"그렇지. 전에 매출과 순이익에 대해 이야기했었는데, 매출이 이렇게 꾸준히 잘 나오는 회사는 드물어. 심지어 순이익이 많이 나온다는 건, 비용을 효율적으로 관리하고 있거나 제품 가격이 적당히 높게 책정되어 있다는 뜻이지."

경민이 궁금해하며 물었다.

"그럼 코카콜라는 어떻게 이렇게 매출도 잘 나오고, 순이익도 높게 유지되는 건가요?"

"지금 네 앞에 놓여있는 콜라 캔들만 봐도 알겠는데. 경민이 너만 해도 콜라를 입에 달고 살잖아. 그런데 전 세계 사람들이 너처럼 콜라를 많이 소비하니 당연히 매출도, 순이익도 높을 수밖에."

경민이 살짝 민망해하며 웃었다. 삼촌은 이야기를 계속 이어 나갔다.

"전 세계에서 코카콜라는 단순한 음료 그 이상이야. 대체불가능한 코카콜라만의 세상을 만들어가고 있으니까.

코카콜라는 매년 새로운 기술적 혁신을 통해 빠르게 성장하는 회사는 아니야. 하지만 오랜 시간 동안 남녀노소, 인종과 국적을 불문하고 사랑받는 음료를 만들어 왔어. 가격도 부담 없이 누구나 쉽게 맛볼 수 있는 정도인 데다, 한 번 마시면 그 맛을 잊기 어렵지."

"네, 진짜 어렸을 때 처음 콜라 맛을 보고는 멈출 수가 없었어요. 다른 여러 콜라도 마셔봤지만, 그 맛이 달라요. 코카콜라만의 맛이 있거든요!"

"그래, 그걸 독점적 시장 지위라고 불러. 실제 시장에서 한 회사만 제품을 판다면 그걸 독점이라고 하고.

그런데 탄산음료 시장은 여전히 크고 시장에 코카콜라를 대체할 음료가 나타나지 않고 있다고 보는 게 맞을 거야. 그런 상황에서 코카콜라는 거의 독점적 위치를 갖게 된 거지."

"그렇네요. 30년 전에도 코카콜라는 꾸준히 잘 팔리고 있었고, 이후로는 어린아이들이 어른이 되어서도 저처럼 코카콜라만 찾았을 테니 회사는 계속 커졌겠어요. 그래서 또 공장을 지어서 더 많은 콜라를 만들어서 팔고요. 이건 뭐, 무적의 사업이었네요!"

"그렇지! 물론 펩시 같은 경쟁사가 있어서, 서로 경쟁하면서 발전하는 것도 시장 성장에 큰 역할을 하고 있어. 탄산음료 시장이 커질수록 코카콜라에게도 더 큰 이득이 되니까."

경민은 비싸지만 싼 주식에 대해서 조금씩 감이 잡히는 것 같았다. 그리고 얼른 노트를 꺼내서 적어 내려가기 시작했다.

'시가총액이 크다고 부담을 갖기보단, 매년 매출과 순이익이 시가총액에 비해서 얼마나 꾸준히 성장하는지를 볼 것! 시장에서 대체하기 어려운 독점적 지위를 가지는 사업들을 찾아보자. 워런 버핏처럼!'

독점적 시장 지위란

한 기업이 특정 시장에서 지배적인 위치를 차지하고, 경쟁이 거의 없거나 전혀 없는 상태일 때 '독점적 시장 지위를 가졌다'고 표현합니다. 이러한 지위를 가진 기업은 시장에서의 가격 설정, 제품의 품질과 공급, 그리고 서비스 조건 등을 사실상 통제할 수 있는 능력을 가집니다.

일부 경우에는 독점이 효율성을 높일 수 있습니다. 자연 독점의 경우 한 기업이 시장을 독점하는 것이 '규모의 경제' 더 많은 양의 상품을 생산할수록 비용이 줄어드는 경제적 이점 때문에 더 효율적인 경우가 대표적이죠.

그러나 독점적 시장 지위를 가진 기업은 종종 높은 진입 장벽을 만들어 경쟁 기업의 시장 진입을 어렵게 하거나, 서비스의 공급, 품질, 다양성 등을 통제하며, 때로는 소비자의 선택을 제한합니다. 이런 문제 때문에 각국 정부는 건강한 시장경제를 유지하고, 소비자의 이익을 보호하기 위해 독점 자체를 규제 혹은 제한하는 법률과 정책을 시행하고 있습니다.

돈을 버는 구조와 다양한 요인을 분석하라

 경민은 동아리 방에 앉아 노트북으로 어제에 이어 버핏이 투자한 회사들을 조사하고 있었다. 때마침, 동아리 방으로 들어온 혜민이 경민의 노트북 화면을 들여다보더니 말했다.

"오, 경민! 드디어 투자할 만한 좋은 주식을 찾은 거야?"

"어? 선배, 어떻게 알았어요? 가격은 비싸 보일지 몰라도 가치가 더 높은 주식을 찾고 있어요. 그러다 보니 과거부터 지속적으로 오른 주식들이 눈에 띄더라고요."

혜민이 궁금한 듯 물었다.

"그래? 어떤 주식을 찾았는데?"

"어제는 코카콜라, 오늘은 아메리칸 익스프레스요. 선배, 혹시 아메리칸 익스프레스라는 회사도 알아요?"

"알지, 아멕스! 아메리칸 익스프레스를 아멕스라고 줄여서 부르기도 하거든. 아멕스는 한 마디로 미국의 신용카드 회사야. 신용카드 회사가 뭐 하는 곳인지는 알지?"

"당연하죠. 저도 종종 엄카를 쓰는걸요."

"정말? 그럼 신용 사업이란 건 뭔지 알아?"

"음…, 신용카드 회사는 카드를 만들어주는 회사인데, 신용 사업은 뭔가요? 믿음을 사고파는 거면, 종교인가요?"

혜민이 '풉' 하고 웃음을 터뜨렸다.

"아니, 아니. 신용 사업이란, 서로에 대한 믿음을 바탕으로 돈을 나중에 지불할 수 있도록 미뤄주는 거야.

사람들이 매번 물건을 살 때 현금으로 결제하면 불편하고 위험할 수 있어. 그래서 카드로 결제하고 나중에 결제한 금액을 카드 회사에 한꺼번에 내거나 나눠서 낼 수 있도록 해주는 게 신용카드 회사야."

경민은 몇 번 고개를 끄덕이더니 이어서 궁금한 것이 떠오른 듯 물었다.

신용카드 회사는 어떻게 돈을 벌까?

"신용카드 회사가 뭔지는 알겠어요. 그런데, 신용카드 회사는 어떻게 돈을 버는 거죠? 카드를 사용하면 회사가 가게에 대신 돈을 지불하잖아요. 나중에 고객한테 돈을 받더라도, 처음에 미리 지불한 돈이 있으니 이익이 남을 것 같지 않은데요."

"맞아, 그냥 대신 내주고 나중에 받기만 한다면 수익이 없겠지. 그래서 신용카드 회사는 카드 서비스를 제공받는 점포나 회사로부터 일정 비율의 수수료를 받아. 신용카드 사용이 많다는 것은 사람들이 그만큼 가게를 자주 이용한다는 의미이고, 그렇게 소비가 늘어날수록 이익도 커지는 거지."

경민이 깨달은 듯 말했다.

"아, 그러니까 카드 결제 수수료가 많아질수록 좋은 거군요?"

"맞아! 그런데 꼭 그것으로만 돈을 버는 건 아니야. 신용카드 회사는 신용 사업을 하잖아? 카드값을 나중에 낼 수 있도록 돕는 것뿐만 아니라, 은행처럼 신용카드를 통해 돈을 빌려주는 서비스도 제공해."

혜민이 차근차근 설명을 이어나갔다.

"신용카드 회사는 사용자들의 소비 습관을 아주 잘 파악하고 있어. 그래서 카드 소유자의 소비 패턴을 분석한 후에, 앞으로 얼마나 잘 갚을 수 있을지 예측해. 그 결과를 바탕으로 일정 금액을 빌려주기도 하는 거야."

"와! 그럼 카드 결제 수수료 말고도 진짜 신용을 갖고 대출 사업을 하는 것이네요?"

"맞아. 대출을 해주고 이자를 받아서 돈을 벌기도 하는 거지."

아메리칸 익스프레스의 성공 요인

"아멕스라, 나도 아메리칸 익스프레스 카드를 가지고 있지."

마침 등장한 안 쌤이 지갑에서 카드 한 장을 꺼내 보였다.

"여기서 퀴즈 하나, 카드 결제 수수료가 증가해 신용카드 회사의 수익이 계속 증가했다면, 그 이유는 무엇일까?"

안 쌤의 질문에 경민이 빠르게 대답했다.

"보다 많은 사람들이 물건을 더 많이 샀기 때문이죠!"

혜민이 경민의 말이 끝나기 무섭게 말을 이었다.

"경제 상황이 좋아서요. 경제가 성장하면서 사람들이 사용할 수 있는 돈이 늘어나고, 그 결과 카드 사용량이 증가해 수수료 수익도 늘어난 거예요!"

안 쌤이 두 사람을 가리키며 기분 좋게 말했다.

"둘 다 정답이야! 아메리칸 익스프레스가 주로 활동하는 미국 시장은 수십 년 동안 경제 성장을 지속해 왔어. 그 결과 사람들이 점점 더 많이 소비하게 되고, 카드 결제 건수도 늘어나면서 수수료 수익이 자연스럽게 증가한 거지."

경민은 나름 제대로 회사를 선택했다는 생각이 들자 어깨가 으쓱해졌다. 그런데 혜민은 경제 상황에 대한 이야기가 나오자 무언가 골똘히 생각하는 표정으로 물었다.

"하지만 경제가 항상 좋기만 한 건 아니잖아요. 미국도 몇 번의 경기 침체를 겪었다고 들었는데요."

안 쌤이 맞장구를 쳤다.

"그래, 미국도 경제 침체를 여러 번 경험한 적이 있어. 하지만 경기 호황 기간과 침체 기간을 비교해 보면, 호황 기간이 침체

기간보다 훨씬 길어.

침체기에는 대출 상환 연체약속한 기한 내에 대출금의 원금이나 이자를 갚지
못하는 상황가 발생할 수 있지. 그럴 때는 평소보다 높은 연체 이자
가 발생하기도 한단다. 그래서 연체 이자 수익이 늘면서 줄어든
카드 결제 수수료를 보완하고, 다시 경기가 좋아지면 카드 결제
수수료 수익이 다시 크게 증가해 회사가 성장하는 구조야.”

혜민이 이어 말했다.

“호황 기간이 길고 침체 기간이 짧은 미국 같은 경우에는 아
메리칸 익스프레스 같은 회사가 꾸준히 성장하고 가치가 상승
할 수밖에 없겠네요.”

“맞아. 그리고 마지막으로 하나 더! 아메리칸 익스프레스의
고객층에 답이 있단다.”

“고객층이요? 신용카
드 회사도 고객층이 다
달라요?”

경민이 전혀 모르겠다
는 듯이 질문하자 안 쌤

프리미엄 카드 서비스가 특징인
아메리칸 익스프레스의 카드들

이 설명을 이어갔다

"물론이지. 아메리칸 익스프레스의 고객층은 다른 신용카드
사들보다 경제력이 더 좋아. 그러다 보니 더 럭셔리한 상품 소비
를 많이 하거든.

더구나 이러한 고소득 고객층은 경제 침체가 찾아와도 소비
를 크게 줄이지 않아. 일반적인 대중들이 경제 침체기에 소비를
바짝 줄이는 것과는 사뭇 다르지. 그래서 다른 신용 사업을 하는
회사들과 달리, 경제 침체에 강하다는 장점까지 가지고 있어."

경민이 깨달은 듯 말했다.

"그러니까, 아메리칸 익스프레스는 부유한 고객층을 주 대상
으로 하고 있으니, 코카콜라처럼 일종의 독점적 지위를 가지고
있다고 볼 수도 있겠네요."

혜민은 사뭇 놀란 눈치였다.

"오…! 네가 그렇게 말하니까 그 말도 맞는 것 같아. 코카콜라
와 아메리칸 익스프레스의 공통점을 찾다니, 응용력이 뛰어난
걸?"

"그리고 지속적으로 가치가 상승하는 기업을 찾으려면 단순

히 숫자만 보는 게 아니라, 그 회사가 속한 나라의 경제 환경, 고객층, 시장에서의 위치까지 다양하게 살펴봐야 하는 거고요!"

혜민이 덧붙였다.

"맞아. 경제 상황이 좋을 때는 많은 회사들이 성장하지만, 진정한 강자는 경제 침체기에도 잘 버티는 회사들이야. 그리고 그런 회사들은 대부분 특정한 고객층을 타깃으로 하거나 시장에서 독특한 지위를 차지하고 있어."

안 쌤이 마지막으로 조언했다.

"그렇다고 해서 모든 정보를 다 알 수는 없단다. 하지만 여러 방면에서 깊이 있게 분석하고, 시장의 흐름을 잘 파악한다면, 장기적으로 가치가 상승할 수 있는 기업을 찾는 데 한걸음 더 다가갈 수 있겠지."

두 회사의 또 다른 강점

워런 버핏의 버크셔 해서웨이가 투자 목록에서 가장 많이 보유 중인 종목에 속하는 코카콜라와 아메리칸 익스프레스가 2022년 버크셔 해서웨이에 지급한 배당금은 7억 400만 달러와 3억 200만 달러에 이릅니다. 우리 돈으로 9,236억 원과 3,926억 원이 넘는 어마어마한 금액이죠.

2022년 버크셔 해서웨이 주주서한에서 버핏은 이렇게 밝혔습니다.

"우리는 1988년부터 1994년 8월까지 7년에 걸쳐 코카콜라 주식 4억 주를 매입했습니다. 총비용은 13억 달러였는데, 당시 우리 입장에서는 매우 의미 있는 금액이었습니다.

1994년 코카콜라로부터 받은 현금 배당금은 7,500만 달러였습니다. 2022년에는 배당금이 7억 400만 달러로 증가했습니다. 매년 생일처럼 확실한 성장이 이루어졌습니다. 찰리와 제가 해야 할 일은 코카콜라의 분기별 배당금 수표를 현금화하는 것뿐이었죠. 우리는 이 수표가 더 늘어날 가능성이 높을 것으로 예상합니다.

아메리칸 익스프레스도 마찬가지입니다. 아메리칸 익스프레스 지분 인수는 1995년에 완료되었으며, 공교롭게도 13억 달러가 들었습니다. 이 투자로 받은 연간 배당금은 4,100만 달러에서 3억 200만 달러로 증가했습니다. 아메리칸 익스프레스의 배당금 수표 역시 증가할 가능성이 매우 높아 보입니다."

현재 코카콜라가 1년 기준으로 1주당 지급하는 배당금은 1.84달러로 연간 예상 배당수익률은 3.24퍼센트입니다. 무려 지난 61년간 매년 배당이 증가해 온 코카콜라의 최근 5년간 배당성장률은 3.4퍼센트에 달하죠.

아메리칸 익스프레스의 경우 1주당 배당금은 2.40달러이고, 연간 예상 배당수익률은 1.57퍼센트입니다. 2020년 코로나19 때문에 배당금이 동결된 적도 있지만, 2022년에 배당을 다시 지급한 후부터는 배당이 다시 증가했어요. 최근 5년간 배당성장률은 10.01퍼센트에 이릅니다.

버크셔 해서웨이는 어떤 회사들에 투자할까?

매년 2월, 5월, 8월, 그리고 11월 중순이 되면 버크셔 해서웨이에 관한 뉴스가 자주 등장합니다. 버크셔 해서웨이가 보유한 투자 포트폴리오투자자가 위험을 줄이고 수익을 극대화하기 위해 투자 금액을 여러 종목에 분산하여 투자한 내역의 자세한 내용이 공개되기 때문인데요, 저를 포함한 많은 투자자들은 워런 버핏이 지난 분기에 어떤 주식을 얼마나 보유하고 있었는지, 또 어떤 종목을 새로 매입하거나 매도했는지에 대해 몹시 궁금해합니다.

미국에서는 주식시장에 1억 달러 이상 투자하고 있는 기업이나 펀드는 각 분기가 끝난 후 45일 이내에 해당 분기동안 투자한 내역을 미국 증권거래위원회U.S. Securities and Exchange Commission,

SEC에 보고해야 하는 의무가 있답니다. 참고로 '분기'란 한 기간, 특히 한 회계 연도를 넷으로 나눈 하나의 기간을 의미합니다. 일반적으로 1분기는 1~3월, 2분기는 4~6월, 3분기는 7~9월, 4분기는 10~12월을 가리킵니다.

그럼 지난 8월 중순 공개된 버크셔 해서웨이의 2023년 2분기 투자 포트폴리오 내역과 주요 종목에 대해 알아볼까요?

2023년 2분기 기준으로 버크셔 해서웨이의 투자 포트폴리오는 총 47개 종목에 달하며, 그 가치는 약 3,750억 달러, 우리나라 돈으로는 약 488조 원에 이르는 거대한 규모입니다. 이 중

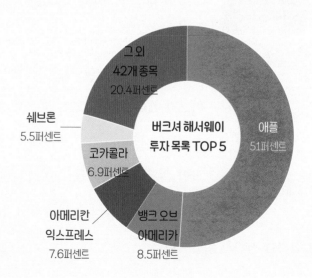

	애플
보유한 주식 수	9억 1,556만
전체 투자 중 비중	51퍼센트
수익률	+389.6퍼센트
언제부터 샀는가?	2016년 1분기

포트폴리오 자산의 약 80퍼센트를 단 5개 종목이 차지하고 있습니다.

버크셔 해서웨이의 투자 포트폴리오에서 가장 큰 비중을 차지하고 있는 종목은 '애플'입니다. 전체 자산의 절반 이상을 차지하고 있죠. 애플은 여러분이 잘 아는 아이폰, 아이패드를 비롯하여 다양한 전자 제품을 제조 및 판매하는 기술 기업입니다.

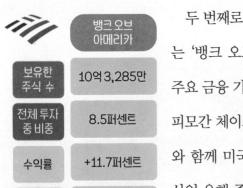

	뱅크 오브 아메리카
보유한 주식 수	10억 3,285만
전체 투자 중 비중	8.5퍼센트
수익률	+11.7퍼센트
언제부터 샀는가?	2017년 3분기

두 번째로 큰 비중을 차지하고 있는 '뱅크 오브 아메리카'는 미국의 주요 금융 기관 중 하나입니다. 제이피모간 체이스, 씨티그룹, 웰스 파고와 함께 미국을 대표하는 4대 대형 상업 은행 중 하나이구요, 미국 내에 광범위한 네트워크를 보유하며 강력한 시장 위치를 지키고 있습니다.

다음, 세 번째로 큰 비중을 차지하고 있는 종목은 '아메리칸 익스프레스'입니다. 비자, 마스터카드, 디스커버 파이낸셜 서비스와 함께 미국의 대표적인 신용카드 회사로 자리매김한 회사이죠. 특히 고소득 및 기업 고객을 대상으로 한 프리미엄 카드

아메리칸 익스프레스	
보유한 주식 수	1억 5,161만
전체 투자 중 비중	7.6퍼센트
수익률	+343.1퍼센트
언제부터 샀는가?	2001년 1분기

서비스를 통해 브랜드 가치를 높이고 고객 충성도를 강화하는 것으로 유명합니다.

이어서 네 번째로 큰 비중을 차지하는 종목은 '코카콜라'입니다. 미국을 대표하는 종합음료 기업입니다. 버핏의 코카콜라 사랑은 모르는 사람이 없을 정도로 대단하죠. 하루에 360밀리리터 캔으로 5개 이상을 마신다고 합니다. 이러한 일화는 버핏

코카콜라	
보유한 주식 수	4억
전체 투자 중 비중	6.9퍼센트
수익률	+121.9퍼센트
언제부터 샀는가?	1988년

이 단순히 재무적 가치뿐만 아니라, 회사와 제품 자체에 대한 신

뢰와 애정을 가지고 투자 결정을 내린다는 것을 보여줍니다.

	쉐브론
보유한 주식 수	1억2,312만
전체 투자 중 비중	5.6퍼센트
수익률	+24.3퍼센트
언제부터 샀는가?	2020년 4분기

마지막 다섯 번째로 큰 비중을 차지하고 있는 종목은 '쉐브론'입니다. 엑슨 모빌에 이어 미국 2위의 종합 석유화학 회사로, 1879년 설립되어 전 세계 180개국에서 사업을 벌이고 있죠. 이 회사는 석유 및 가스와 관련된 다양한 에너지 관련 사업을 진행하고 있습니다. 더불어, 버크셔 해서웨이가 2022년 1분기에 '옥시덴탈 페트롤리엄'이라는 석유 및 천연가스 회사에 투자를 시작한 것도 주목할 만합니다. 에너지 산업에 대한 투자를 강화하는 모습이네요.

투자 시점을 살펴보면, 버크셔 해서웨이가 상당히 오랜 기간 동안 투자를 유지하고 있는 것을 확인할 수 있어요. 이러한 장기적인 투자는 기업에 대한 깊은 신뢰와 이해가 바탕이 되어야 가능한 일입니다.

잘 알려진 기업이나 오랜 기간 동안 안정적인 성장을 보여준 기업, 그리고 내가 잘 알고 많이 조사하며 소통해온 기업에 투자 하는 것은 이러한 신뢰에 기반한 결정이라 할 수 있죠.

반면, 잘 알지 못하는 기업에 대해서는 신뢰를 기반으로 한 장기 투자를 결정하기가 어렵습니다. 투자를 하려면 기업의 사업 모델이나 재무 상태, 경영 전략, 시장 내 위치, 업계 트렌드 등을 충분히 이해하고 분석해야 하는데, 그렇게 하기가 힘들기 때문입니다.

이 같은 버크셔 해서웨이의 투자 전략은 간단하게 말해 '가치 투자'라고 할 수 있죠. 가치투자란 자신이 알고 있는 분야의 우수한 기업을 저평가된 가격에 사서, 장기적으로 보유하는 것입니다.

버핏은 시장의 변동성에 흔들리지 않고, 자신의 판단과 분석에 따라 투자를 합니다. 자신이 이해할 수 없는 기업이나 산업에는 절대로 투자하지 않습니다.

기업의 재무제표뿐만 아니라, 경영진의 윤리성과 비전, 기업 문화, 사회적 책임 등도 중요하게 보죠. 단기적인 이익보다는 장기적인 가치를 추구하는 것입니다.

우리도 버핏처럼 재무적 수익뿐만 아니라, 기업의 사회적 책임과 환경적 지속 가능성 등 장기적인 가치에도 관심을 가져야 합니다. 이런 의미에서 다양한 방면으로 기업을 탐구하길 바랍니다!

난이도 ★★☆☆☆

07

가장 필요한 건
훌륭한 친구와
버핏의 지혜

버핏의 멘토이자 파트너, 찰리 멍거

 수업을 마치고 동아리 방에 들어온 안 쌤은 혜민과 경민이 진지하게 대화하는 모습을 발견했다.

"오늘은 또 무슨 얘기를 그렇게 심각하게 하고 있어?"

혜민이 안 쌤에게 인사하며 대답했다.

"쌤, 안녕하세요! 아, 경민이가 요즘 투자 공부에 제대로 빠져 있어요. 그런데 회사 하나 찾을 때마다 계속 제 의견을 물어봐요. 조언을 구하는 건 좋은데, 너무 자주 물어봐서 제 공부에 집중하기 힘들어요."

경민이 억울한 듯 말했다.

"그야 선배가 '이건 이래서 안 좋고, 저건 저래서 안 좋다'고 해서 그렇죠."

안 쌤이 웃으며 말했다.

"그랬구나. 그래도 쌤은 경민이가 혜민이를 많이 의지하고 따르는 것 같아 보기 좋은 걸? 마치 워런 버핏과 찰리 멍거 같고 말이지!"

"찰리 멍거요? 안 그래도 궁금했어요, 대체 어떤 분이길래 버핏과 늘 함께 언급되는 건가요?"

경민이 궁금함을 참지 못하고 물었다.

"허허, 찰리 멍거를 모르고선 워런 버핏을 제대로 안다고 말할 수 없지! 경민이도 혜민이도 워런 버핏이 전 세계 투자자들의 우상이라는 건 익히 들어 알고 있지?"

"네, 물론이죠. 쌤! 사람들이 버핏이랑 식사 한 번 하고 싶어서 몇십 억, 몇백 억 원을 쓴다는 얘기도 들었어요!"

"맞아. 그런데 그런 워런 버핏이 항상 의견을 물어보는 사람이 있어. 그게 바로 버크셔 해서웨이 부회장인 찰리 멍거란다. 멍거는 버핏의 든든한 친구이자 따끔한 조언가지."

"와…, 천하의 워런 버핏도 조언을 구하는 사람이 있어요?"

놀라움을 금치 못하는 경민에게 안 쌤이 말했다.

"두 사람은 처음에는 서로 다른 길을 걷고 있었어. 하지만 멍거의 투자 철학과 분석 방식이 버핏의 관심을 끌었고, 결국 멍거가 버크셔 해서웨이의 부회장이 되면서 두 사람은 강력한 팀을 이루게 됐지.

버핏과 멍거의 파트너십은 투자계에서 전설적이야. 이들의 성공적인 업적 중 하나는 바로 기존의 투자 철학을 넘어서는, '가치투자 방식'을 구축한 것이지. 그들은 단순히 저평가된 주식을 찾는 것을 넘어서 기업의 장기적인 잠재력과 경영 철학을 중시했어."

혜민이 덧붙였다.

"단순한 숫자보다는 회사의 진정한 가치를 파악하는 데 집중한 거죠? 기업의 장기적인 성장 가능성과 안정성을 무엇보다 중요하게 생각하며, 투자 결정을 내리는 식으로요."

경민이 이해했다는 듯 고개를 끄덕이며 말했다.

"그러니까 버핏과 멍거는 단순한 수익률을 추구하기보다는 기업의 진정한 가치와 장기적인 비전에 초점을 맞춘 거군요. 두 분의 투자 철학과 방식이 버크셔 해서웨이를 지금 같이 엄청난 회사로 만든 거네요.

그런데 아까 서로 다른 길을 걸었다고 하셨잖아요. 어떻게 만난 거예요? 듣고 보니 더 궁금해졌어요."

워런 버핏과 찰리 멍거의 만남

2021년 6월, 워런 버핏과 찰리 멍거는 미국의 경제 방송 CNBC에 함께 출연했다. 그곳에서 버핏은 멍거와의 만남에 얽힌 이야기를 다음과 같이 풀어놓았다.

에디 데이비스와 도로시 데이비스는 오마하에서 유명한 의사 부부였다. 1957년 어느 날, 도로시가 버핏에게 연락을 해왔다.

"당신이 투자 자금을 운용한다고 들었는데 어떤 방식으로 운용하는지 이야기를 듣고 싶습니다. 우리는 어떻게 하면 되는지도 알고 싶고요."

당시 자신감 넘치던 버핏은 데이비스 부부에게 주식에 관한 자신의 생각을 열정적으로 설명했다. 도로시는 진지하게 그의 말에 귀를 기울였지만, 에디는 별다른 관심을 보이지 않았다. 버핏의 설명이 끝나자, 도로시가 에디에게 말했다.

"버핏에게 10만 달러를 맡기려고 해요."

당시 버핏이 운용하던 자금이 약 50만 달러였기 때문에 10만 달러는 엄청난 거금이었다. 그래서 버핏은 정중하게 물었다.

"남편분은 제 이야기에 별 관심이 없으신 모양인데요. 그런데 도 제게 그 큰 금액을 맡기려는 이유가 뭔가요?"

그때 에디가 버핏을 바라보며 대답했다.

"당신을 보니 찰리 멍거가 떠올라서요."

그리고 버핏은 이렇게 대답했다.

"찰리 멍거가 누군지는 모르겠지만, 마음에 드는군요."

그리고 2년 여가 흐른 1959년 어느 날, 데이비스 부부는 부친 상으로 오마하에 잠깐 들른 찰리 멍거를 저녁 식사에 초대했다. 그 자리에는 버핏도 함께 했는데, 원래 변호사였던 멍거의 날카 로운 지성과 투자에 대한 깊은 이해는 버핏을 매료시켰다. 멍거 와 버핏은 처음 만난 날부터 아주 오랫동안 알고 지낸 친구를 만 난 듯했다.

2021년 인터뷰에서 워런 버핏은 이렇게 말했다.

"찰리는 내가 좋아하고 배울 수 있는 사람이라는 것을 즉각

알았습니다."

바로 그날부터 버크셔 해서웨이의 새로운 역사가 시작되었다.

이후 두 사람은 긴밀한 관계를 유지하며 서로의 생각과 투자 철학을 공유했다.

멍거는 변호사로서의 경력을 쌓아가면서도 투자에 대한 깊은 관심을 유지했고, 버핏은 멍거의 조언과 통찰력을 높이 평가했다. 이들의 관계는 단순한 친구 이상의 것으로, 서로에게 영감을 주는 동반자 관계로 발전했다.

20년 가까운 시간이 흐른 뒤인 1978년에 멍거는 버크셔 해서웨이의 부회장 자리에 취임했다. 이후 40년이 넘는 시간 동안 멍거와 버핏은 서로의 든든한 파트너로서 버크셔 해서웨이를 함께 일궈왔다.

버핏은 공식 석상에서 멍거를 자주 비즈니스 파트너로 칭찬하며, 지금의 버크셔 해서웨이가 있을 수 있었던 것은 멍거라는 훌륭한 조력자를 만난 덕분이라고 말한다.

이들의 파트너십은 단순한 비즈니스 관계를 넘어서, 서로에게 지적인 도전을 제공하고, 함께 성장하며, 각자의 강점을 최대한 활용하는 모범적인 사례다.

이러한 깊은 신뢰와 상호 존중의 관계는 버크셔 해서웨이가 지금 같이 큰 성공을 거둘 수 있었던 핵심 요소 중 하나라 할 수 있다.

참고로, 찰리 멍거가 '사회생활을 위한 세 가지 원칙'에 관해 이야기한 적이 있다.

첫째, 자신이 사지 않을 물건은 팔지 않는다.

멍거와 버핏은 투자할 때, 그들이 진정으로 믿고 가치 있다고 생각하는 기업에만 투자해 왔다. 단기적인 이익보다는 장기적인 가치와 기업의 본질적인 품질에 초점을 맞춘 것이다. 마찬가지로, 개인의 삶에서도 정직과 진실성을 강조하는 원칙이다.

둘째, 존경하고 신뢰하지 않는 사람 밑에서는 일하지 않는다.

이 원칙은 개인적인 가치와 윤리를 중시하는 멍거의 태도를 보여준다. 실제로 버핏과 멍거는 40년 넘은 세월 동안 서로에 대한 깊은 존경과 신뢰를 바탕으로 함께 일해왔다.

셋째, 좋아하는 사람들 하고만 일한다.

긍정적이고 생산적인 업무 환경이 중요하다는 것을 강조하는 원칙이다. 버핏과 멍거는 함께 일하는 것을 즐기며, 이는 그들의 비즈니스 결정과 회사 문화에도 영향을 미쳤다는 것을 떠올려 보자.

이상의 세 가지 원칙을 통해 멍거와 버핏이 어떻게 비즈니스를 운영하고, 투자 결정을 내리며, 다른 사람들과 어떻게 소통해 왔는지 알 수 있다. 중요한 점은 이들의 철학이 단순히 재무적 성공을 넘어서, 윤리적이고 지속 가능한 사업과 투자에 관한 영감을 준다는 사실이다.

버핏 시스템의 대표적 원칙 3가지

 "와! 워런 버핏에게 그런 조력자가 있을 줄은 몰랐어요. 그럼 두 분은 아직까지도 함께 하고 있나요?"

경민이 놀라움을 감추지 못하며 물었다.

"안타깝게도, 2023년 11월에 멍거는 세상을 떠나셨어. 100세 생일이 얼마 남지 않은 시점이었지. 그동안은 매년 5월 오마하에서 열리는 버크셔 해서웨이의 주주총회에 가면 두 사람이 함께 하는 모습을 볼 수 있었는데, 이젠 불가능하게 되었구나.

2022년 주주서한에서 버핏은 멍거에 대해 '가급적이면 당신보다 약간 나이가 많은, 훌륭하고 똑똑한 파트너를 찾아서 그의 말을 깊게 들어라'라고 언급했지.

이렇게 멍거와 버핏은 서로에게 둘도 없는 파트너이자 친구로서 지금의 버핏 시스템을 만들었어."

안 쌤이 답하자 경민이 쉴 틈 없이 물었다.

"버핏 시스템이요?"

"버핏 시스템은 워런 버핏이 주식에 투자하고, 회사를 운영하는 방식과 그에 따른 원칙들을 말해. 더불어 멍거의 철학과 사고방식을 버크셔 해서웨이의 운영에 적용한 몇 가지 핵심 원칙들을 가리키지.

'복리'라는 마법

2020년 8월 30일은 워런 버핏의 90번째 생일이었어요. 그는 월스트리트 저널과의 인터뷰에서 "나는 오랫동안 '므두셀라 기법'을 권유해왔다"라고 말했는데요. 므두셀라는 성경에 나오는 인물로, 969세까지 살았다고 합니다.

버핏의 재산 중 90퍼센트가 그의 나이 60세 이후에 생긴 것이란 이야기를 기억하나요? 그는 므두셀라에 비유해, '어떻게 투자하느냐보다 얼마나 오랜 기간 투자하느냐'가 중요하다는 사실을 말한 것입니다.

그리고 므두셀라 기법의 핵심이 바로 복리입니다.

복리란 이자에 이자가 붙어서 돈이 점점 늘어나는 것을

말해요. 시간이 지날수록 작은 이자도 큰 효과를 발휘하게 됩니다.

버핏은 이 복리의 힘을 어렸을 때부터 깨달았습니다. 그는 열살 때 책을 읽으면서 시간의 중요성을 직감적으로 알아챘다고 합니다.

고작 1천 달러에 불과한 돈도 수익률 10퍼센트 복리를 적용하면 5년 뒤엔 1,600달러가 되고, 10년 뒤엔 2,600달러, 25년 뒤엔 1만 800달러, 50년 뒤 11만 7,400달러로 불어납니다. 5년째에는 원금의 1.6배로 커지고, 10년째엔 2.6배, 25년 뒤엔 18배, 50년 뒤엔 117.4배로 커지는 것입니다. 버핏은 "돈이 바로 거기에서 나오는구나"라고 혼자 감탄했던 어린 시절을 회고하기도 했습니다.

이 이야기에서 배울 수 있는 교훈은 무엇일까요? 바로 저축과 투자를 일찍 시작하고 오랜 기간 유지하는 것이 중요하다는 것입니다. 복리란 이자가 붙은 돈에 다시 이자가 붙는 것을 말하는데요, 복리의 효과는 시간이 지날수록 눈덩이처럼 불어나기 때문입니다.

예를 들어, 장기적인 관점에서 안정적인 수익을 창출할 수 있는 기업에 투자하는 것, 시장의 단기적 변동에 휩쓸리지 않고 기업의 본질적 가치를 중시하는 것, 그리고 강력한 내부 기업 문화를 형성해 회사의 장기적 성장을 도모하는 것 등이 그 원칙들 중 일부야. 이러한 원칙들이 버핏과 멍거가 함께 만든 버핏 시스템의 핵심이지. 오늘은 이 중에 세 가지만 얘기해 볼까?"

기업의 장래에 집중하라

안 쌤이 대화를 이끌었다.

"멍거와 버핏은 기업이 아무리 흥미로운 제품을 생산하더라도 장래를 평가할 수 없으면 쳐다보지 않아.

옛날에는 아주 똑똑하지 않아도 자동차1910년대, 항공기1930년대, TV1950년대 산업의 엄청난 성장세를 내다볼 수 있었지. 하지만 각 산업에서 치열한 경쟁이 벌어지면서 해당 산업에 진입한 기업들 상당수가 파산했어. 경쟁에서 살아남은 기업들 역시 상당한 타격을 입은 건 물론이고."

"그러면 버크셔 해서웨이는 어떤 기업에 투자하는 건가요?"

경민의 물음에 갑자기 혜민이 손을 번쩍 들고 말했다.

"제가 알아요! 오랫동안 이익을 낼 수 있는 기업이죠? 예를 들어 보험 산업 같은 경우는 경쟁이 치열하지 않고, 장기적으로 수익을 예측할 수도 있어요."

안 쌤은 사뭇 놀라는 표정을 짓더니, 이야기를 이어나갔다.

"어떻게 알았지? 실제로 버크셔 해서웨이는 보험 산업에 투자해서 큰 성공을 거두었어. 1967년에 내셔널 인더미티라는 보험회사를 인수했지. 그 보험회사를 통해 만들어진 현금 자산이 1,900만 달러에서 5년 동안 연간 복리 성장률 18퍼센트로 늘어나 1,470억 달러 이상이 되었단다.

이처럼 버크셔 해서웨이는 향후 수십 년동안 이익을 합리적으로 예측할 수 있는 기업에만 투자한다는 원칙을 세웠어.

더불어 멍거와 버핏은 자신들이 실수할 수 있다는 사실을 늘 염두에 두고 있지. 그들은 자신의 철학을 고수하면서도, 새로운 정보나 상황에 따라 의견을 바꾸기도 해."

경민이 이해한 듯 고개를 끄덕였다.

"그래서 버크셔 해서웨이가 코카콜라나 아메리칸 익스프레스처럼 시장에서 안정적인 위치를 가진 기업들에 주로 투자하는 거군요. 이런 기업들은 시간이 지나도 변하지 않는 가치를 지니고 있으니까요.

그리고 애플 또한 그런 가치를 지닌 기업이라는 판단이 들자, 그때까지 고집해 왔던 IT 산업에 생각을 바꿔서 지금은 전체 투자 중 절반 이상을 애플에 투자하고 있는 거고요."

압도적인 유동성을 유지하라

안 쌤이 말했다.

"또 다른 원칙은 항상 충분한 현금을 보유함으로써 압도적인 유동성을 유지한다는 거야.

두 사람은 다른 사람의 도움에 의존하는 일은 절대 없을 것이라고 강조하곤 해. 나중에 어떠한 현금 수요가 발생하더라도 이에 충분히 대처할 수 있도록 하려는 거지. 그러한 유동성은 버크셔 해서웨이가 보유한 다양한 산업의 자회사들이 창출하는 이익, 바로 현금으로부터 확보되고."

경민이 궁금해하며 물었다.
"그런데 유동성이란 게 대체 뭐예요?"
혜민이 대답했다.
"영어로는 리퀴디티liquidity라고 해. 자산을 빠르게 손실 없이 현금으로 전환할 수 있는 능력이야.
유동성이 높다는 것은 어떤 자산을 쉽고 빠르게 현금화할 수 있다는 의미야. 반대로 유동성이 낮다는 것은 자산을 현금으로 바꾸기 어렵거나, 시간이 오래 걸리거나, 현금화하면서 가치 손실이 발생할 가능성이 높다는 것을 뜻하지."

안 쌤이 이어서 말했다.
"2008년 9월에 미국의 금융 시스템이 커다란 난관에 부딪혀 전 세계적인 금융위기가 발생한 적이 있어. 이때 버크셔 해서웨이는 풍부한 유동성을 활용해 미국 금융 업계에 155억 달러라는 어마어마한 금액을 쏟아부었단다.

자금이 필요한 대형 기업들은 높은 이자로 버크셔 해서웨이에서 자금을 빌렸어. 많은 회사들의 주가가 폭락한 상태라 버크셔 해서웨이는 저렴한 가격에 주식들을 살 수 있었지. 미국 금융 시스템은 버크셔 해서웨이의 지원을 바탕으로 수많은 어려움을 하나씩 해결해 나가기 시작했어.

유동성을 확보해 놓은 덕분에 예기치 못한 시장 변동에 대비하고, 기회가 생겼을 때 신속하게 행동할 수 있었던 거야."

한쪽 눈을 찡긋하며, 안 쌤이 덧붙였다.

"유동성을 보유하는 것의 가장 큰 장점이 뭔지 아니? 바로 마음이 편하다는 거야.

버핏도 '탁월한 유동성을 유지하느라 값비싼 대가를 치르지만, 그 대신 우리는 두 다리 뻗고 편히 잔다'고 했을 정도니까. 즉, 유동성이 높으면 안정감을 갖고 장기적인 전략을 세울 수 있는 거지."

자회사들의 경영 자율성을 존중하라

"버핏 시스템의 또 다른 원칙! 버크셔 해서웨이는 자회사_{다른}
회사(모회사)에 의해 소유되고 통제되는 회사들에게 경영 자율성을 주는 것으
로 유명해. 이들은 감독이나 감시를 하지 않고, 각 자회사가 스
스로 경영 결정을 내리게 하지."

경민이 의아해하며 물었다.

"그럼 경영상의 문제점이 나중에 발견되거나, 원치 않는 방향
으로 결정이 내려지는 경우도 있겠네요?"

안 쌤이 대답했다.

"그렇지만 버핏은 대부분의 경영자들이 이 자율성을 잘 활용
한다고 봐. 대규모 조직에서는 드문 주인의식을 발휘해서 회사
에 대한 신뢰로 보답한다고 생각하지.

멍거와 버핏은 관료주의로 인한 비효율보다는 몇몇 잘못된
결정이 발생하는 비용을 감수하는 쪽을 택했어. 그들은 자율성
을 통해 더 큰 성과와 혁신을 이끌어내는 것을 선호한단다."

경민이 깨달은 듯 말했다.

"아, 그러니까 경영 자율성이 단기적으로는 문제를 일으킬 수 있어도, 장기적으로는 회사의 성장과 혁신에 더 큰 도움이 된다는 거군요. 흠, 우리 엄마 아빠도 버핏에게 이 부분을 좀 배우시면 좋겠는걸요…."

경민의 마지막 말에 안 쌤은 웃음을 터뜨리고 말았다.

주주의 가치를 키우기 위한 노력

 두 사람의 대화를 옆에서 가만히 듣고 있던 혜민이 물었다.

"자회사들의 경영을 자율에 맡기고 감시를 전혀 하지 않는다니⋯. 어떻게 그런 시스템에서도 회사가 잘 운영될 수 있는 거죠?"

안 쌤은 뿌듯하다는 듯 미소를 지으면서 이야기를 이어갔다.

"좋은 질문이야. 버크셔 해서웨이는 일반적인 상식으로는 선뜻 이해하기 어려울 만큼 자회사의 경영자 개개인에게 높은 자율성을 주고 있지. 인수한 기업들에 대해 최소한의 간섭만을 하고, 해당 자회사의 경영진이 자율적으로 결정하고 책임지도록 하는 경영 철학을 가지고 있어.

경민이는 이런 시스템이 가능할 수 있는 이유가 뭐라고 생각하니?"

살짝 미간을 찌푸리며 경민이 말했다.

"음…, 애초에 아주 엄격한 잣대로 경영자를 뽑는 거 아닐까요?"

"이야, 경민이 이제 척하면 척이구나. 정확해! 버핏은 임직원을 뽑는 기준을 묻는 질문에 대해 '사업에 대한 이해가 깊고, 주주 지향적이며, 버크셔 해서웨이에 관심이 많은 사람'을 찾는다고 말한 적이 있어."

안 쌤이 잠시 목을 가다듬더니 진지한 목소리로 말을 이었다.

"가장 중요한 건, 버크셔 해서웨이 이사회 구성원들 대부분은 자신의 자금으로 회사 주식을 보유하고 있다는 거야. 이사회 역시 다른 주주들과 마찬가지의 입장인 거지.

실제로 찰리 멍거의 가족은 순자산의 80퍼센트 이상을, 버핏은 98퍼센트 이상을 버크셔 해서웨이 주식으로 보유하고 있다고 해.

그러면서 '찰리와 저는 여러분에게 결과를 약속할 수 없습니다. 하지만 여러분의 재정적 운명이 저희와 보조를 맞춰 움직일 것이라는 점은 보장할 수 있습니다'2013년 연례 보고서라고 말한 적

성실성, 지성, 에너지

버핏이 직원을 뽑는 기준으로 제시한 또 다른 기준은 바로 성실성과 지성 그리고 에너지입니다. 1998년, 버핏은 플로리다 대학교 MBA 학생들을 대상으로 한 강연에서 이를 제시했습니다. 그는 이 세 가지 중 가장 중요한 것은 성실성이며, 성실성이 결여된 사람은 아무리 지성과 에너지가 뛰어나도 신뢰할 수 없다고 말했습니다.

또한 비즈니스 세계에서 가장 찾기 어려운 특성이 성실성이라며, 에너지나 지성과 달리 성실성은 선천적으로 타고나는 것이 아니라고 강조했죠. 성실성은 노력으로 입증되며, 나아가 신뢰의 바탕이 됩니다.

이 있지. 경영진의 수익률과 주주들의 수익률이 동일한 셈이야."

혜민이 고개를 끄덕거리며 말했다.

"경영자가 경영을 잘못해 손해를 끼치면 주주뿐만 아니라 자신들도 손해를 보겠군요! 경영자 스스로도 한 명의 주인으로 버크서 해서웨이의 활동과 실적을 지켜볼 수밖에 없겠어요. 당연히 주주들의 이익을 최대화하기 위해 노력할 테고요."

"그렇지! 버핏은 그래서 자회사에 대한 통제권을 포기할 정도로 권한을 위임한 덕분에 자회사들이 더 잘 운영된다고 주장해. 이렇게 경영자가 스스로 결정을 내릴 수 있도록 하면서, 반대로 불필요한 관리와 관료주의를 줄이는 데도 집중했어.

대표적인 것이 1페이지짜리 보고서야. 버핏은 자신이 인수한 기업의 경영진에게 매년 한 장의 보고서를 작성하도록 하는데, 그 보고서에는 기업의 성과, 전략, 위험, 기회, 문제점 등을 간결하고 명확하게 요약해야 하지. 의사소통을 빠르고 효과적으로 하면서, 불필요한 회의나 미팅을 줄이는 방법인 셈이야.

이렇게 함으로써 경영자들은 회사에 더 많은 시간과 에너지를 할애할 수 있게 됐어. 버핏이 '우리는 경영자들의 업무 부담을 덜어주며, 그들이 일반 상장회사를 운영할 때보다 시간을 20퍼센트 이상 절약할 수 있게 해 준다'고 말한 적도 있을 정도니, 효과가 상당했다는 거겠지? 이런 접근 방식이 결과적으로 자회사들의 성과를 높이는 데 큰 기여를 했단다."

경민이 이해한 듯 말했다.

"아, 그래서 버핏과 멍거는 경영자들이 주인처럼 행동하게 만들고, 그들이 자신의 회사를 더 잘 이끌 수 있게 하는 거군요."

안 쌤이 마지막으로 덧붙였다.

"버핏은 찰리 멍거와 자신은 경영 파트너이며, 주주들은 기업의 소유주 파트너2013년 연례 보고서라고 표현한 적이 있어. 버크셔 해서웨이는 기업의 형태를 갖추고 있지만, 그들이 추구하는 것은 파트너십의 정신이야. 매우 혁신적인 접근이지."

혜민이 생각에 잠긴 듯 말했다.

"그러니까, 버크셔 해서웨이에서는 모든 이해관계자가 서로 긴밀하게 연결되어 있고, 모두가 회사의 성공을 위해 함께 노력한다는 거네요."

버핏이 생각하는 성공적인 삶이란

 경민이 감탄하며 말했다.

"이제 쌤이 말씀하신 버핏 시스템이 뭔 지 알 것 같아요! 처음에 세계에서 다섯 손가락 안에 드는 부자라고 버핏을 소개해 주셨을 때만 해도 돈 버는 데만 몰두하는 할아버지가 아닌가 했는데…, 이야기를 듣다 보니 돈보다 더 큰 가치를 중요하게 여기는 분이란 생각이 드네요."

안 쌤이 흐뭇하게 웃으며 답했다.

"경민이가 아주 정확하게 봤구나. 그럼, 쌤이 질문 하나 해 볼까? 너희는 어떤 삶이 성공한 삶이라고 생각하니?"

혜민이 잠시 생각에 잠긴 후 대답했다.

"경제적 자유를 얻은 삶 아닐까요? 더 이상 돈에 얽매이지 않고 자신이 원하는 일들을 자유롭게 하는 그런 인생이요! 왜 요즘

'파이어족'경제적 자립을 토대로 자발적 조기 은퇴를 이룬 사람들이란 말도 있잖아요."

경민이 이어서 말했다.

"저는 많은 사람들에게 존경받는 명예로운 삶이 성공한 삶인 것 같아요! 버핏이 매년 성대한 주주총회를 열고 수많은 사람들 앞에서 조언을 하는 것처럼요."

안 쌤이 허허 웃으며 말을 이었다.

"그래. 돈과 명예 모두 성공의 척도로 삼을 수 있지. 그런데 워런 버핏은 다른 가치를 성공의 척도로 생각해."

혜민과 경민이 동시에 물었다.

"그게 뭔데요?"

"그건 바로 '나는 주변 사람들로부터 사랑받는가'란다. 버핏은 돈의 양이나 명예의 정도를 인생의 목표로 삼으면 위험한 상황을 초래할 수 있다고 경고했어.

그러면서 자신과 동년배인 사람을 보면 크게 두 부류로 나뉜다고 말했지. 한 부류는 나이가 들었을 때, 가족과 동료 등 자신을 사랑해 주는 사람이 주변에 있는 사람들이야. 이들은 예외 없이 '인생은 성공했다'라고 말하지.

하지만 다른 한 부류는 자기 이름이 붙은 학교나 병원을 가졌는데도 그들에게 마음을 쓰는 사람이 아무도 없는 이들이야. 본인도 그걸 깨닫고 '인생이 허무하다'라며 한탄하지. 어때? 이제 성공에 대한 생각이 좀 달라졌니?"

혜민이 잠시 생각에 잠겨 있다가 말을 꺼냈다.

"그러게요. 아무리 돈과 명예가 넘치는 인생이라도 주변에 자신을 사랑해 주는 사람들이 없다면 너무 외로울 것 같아요. 투자도 좋지만 궁극적으로 이 투자가 사랑하는 사람들과 행복하기 위한 것이라는 사실을 잊지 말아야겠어요!"

경민이 갑자기 무언가 깨달았다는 표정을 지었다.

"생각해보니 제 주변엔 이미 찰리 멍거 같은 좋은 사람들이 많은 거 같아요. 혜민 선배도, 안 쌤도, 저희 삼촌도…! 다들 고맙습니다. 제가 더 잘할게요!"

안 쌤이 크게 웃으며 말했다.

"하하! 경민이가 그새 철이 들었구나. 쌤도 너희들을 알게 되어 아주 기쁘단다. 그런 의미에서 우리 오늘 다 같이 맛있는 저녁 먹으러 갈까? 쌤이 쏜다!"

가자, 오마하로!

피자 가게로 자리를 옮긴 지 얼마 지나지 않아 모락 모락 김이 나는 피자 한 판이 나왔다. 배가 고팠는지 경민은 "잘 먹겠습니다!"를 외침과 동시에 피자 한 조각을 먼저 입에 넣었다.

잠시 후, 허기를 달랜 경민이 말했다.

"쌤, 저도 버크셔 해서웨이 주주총회에 가보고 싶어졌어요."

혜민도 덩달아 맞장구를 쳤다.

"쌤, 저도요! 맨날 이야기만 들었지, 버크셔 해서웨이 주주총회에 가서 현장을 느껴보고 싶어요. 대학생이 되기 전엔 어림없겠죠? 돈도 없지만, 혼자 가는 건 허락받을 수도 없을 거예요."

혜민 역시 아쉬운 표정을 지으며 안 쌤을 쳐다봤다. 그때, 안 쌤이 뜻밖의 말을 했다.

"방법이 없진 않지."

예상치 못한 안 쌤의 반응에 혜민과 경민의 눈이 동그래졌다.

"며칠 전 쌤이 잠시 출장으로 자리를 비운 적이 있었지? 실은 우리 동아리 활동이 우수 동아리 활동으로 선정되어서 해외탐방 기회를 얻게 되었거든. 항공권과 체류비를 지원해 준다고 하니 우리도 오마하를 가볼 수 있게 되었어."

"와우! 진짜요? 그럼 저희 이제 떠날 준비를 하면 될까요?"

경민은 소리를 지르며 기뻐했다.

"그런데, 저희 버크셔 해서웨이 주식이 없지 않나요? 주식을 빨리 사야겠어요."

혜민이 재빨리 물었다.

"그건 걱정 안해도 된단다. 쌤이 이미 버크셔 해서웨이 B주식을 갖고 있거든. 1인당 4명까지 주주총회에 참석할 수 있으니까 우리 셋의 주주총회 입장권은 확보한 셈이지."

안 쌤은 웃으며, 버크셔 해서웨이 주식 증서를 보여주었다. 경민과 혜민은 놀라며 팔짝 뛰고 있었다. 동아리를 시작하며 언젠가 동아리 부원들과 함께 오마하에 가게 될 날을 꿈꿨는데 그 꿈에 한 발자국 다가간 것이다.

계좌를 만드는 법

예전에 미성년자가 주식계좌를 만들기 위해서는 반드시 부모님과 함께 증권사나 은행을 방문해야 했습니다. 이제는 법이 바뀌어서 비대면으로 집에서 개설하는 것도 가능해졌습니다.

일단 계좌를 만들기 위해서는 증권사 앱을 켜기 전에 다음과 같은 준비물이 필요합니다.

먼저 부모님의 신분증과 휴대전화가 필요합니다. 그리고 가족관계증명서와 본인의 주민등록번호가 담긴 기본증명서가 있어야 합니다. 가족관계증명서는 인터넷에 '대법원 전자가족관계등록시스템'을 검색하면, 부모님이 뽑아주실 수 있습니다.

이상의 준비물을 갖추고 증권사 어플을 켠 후 부모님과 함께 자신의 증권 계좌를 만드는 것이 가능합니다. 해외 주식을 취급하는 증권사 앱이라면, 지금까지 보았던 미국 기업들을 쉽게 찾을 수 있을 거예요.

임직원만 38만 명, 버크셔 해서웨이는 어떤 회사일까?

앞서 살펴본 것처럼 버크셔 해서웨이는 많은 사람들에게 애플, 뱅크 오브 아메리카, 아메리칸 익스프레스, 코카콜라, 쉐브론 등 우량한 기업의 주식을 자산으로 보유하고 운용하는 투자 회사로 알려져 있습니다.

하지만 버크셔 해서웨이는 보험, 에너지, 철도, 부동산, 방송, 보석, 가구, 식품 등 다양한 분야에서 활약하고 있는 68개의 기업을 자회사로 보유한 기업집단이자, 다국적 지주회사_{다른 회사들의} _{주식을 소유함으로써 그 회사들을 관리하는 회사}입니다.

실제로 미국의 유명한 경제 전문지인 〈포춘500〉에 따르면 버크셔 해서웨이는 2022년 기준으로 미국 주식시장에 상장된 회사 중 매출이 7번째로 크고, 직원 수는 10번째로 많다고 해요. 자회사는 모두 독립적으로 운영되기 때문에 버크셔 해서웨이 본사에는 26명만이 근무하지만, 전체 자회사를 합치면 무려 38만 2천 명이 일하고 있죠.

그럼 버크셔 해서웨이가 영위하고 있는 4개 사업부문에서 대표적인 회사 5개를 알아볼까요.

가이코 The Government Employees Insurance Company, GEICO

3만 8천여 명을 고용하고 있는 미국 2위의 자동차 보험 회사입니다. 이곳의 자회사만도 10개인데, 미국 전역에서 자동차, 오토바이, RV, 보트, 영업용 차량의 보험을 제공해요. 다른 화재보험사와 생명보험사의 상품을 대행 판매하기도 합니다. 1996년에 버크셔 해서웨이가 인수했다고 하네요.

벌링턴 노던 산타페(이하 BNSF) Burlington Northern Santa Fe, BNSF RAILWAY

미국에서 가장 큰 매출을 기록하고 있는 철도 기업으로 3만 6천여 명의 임직원을 고용하고 있어요. 미국 28개 주와 캐나다의 3개 주 등 북미 서부와 중부 지역을 중심으로 약 3만 2,500마일의 철로를 가지고 있습니다. 석탄을 비롯해 소비재와 산업재 그리고 농산물 등을 운송하죠. 2010년에 버크셔 해서웨이가 인수했다고 합니다.

버크셔 해서웨이 에너지 Berkshire Hathaway Energy Company, BHE

미국과 캐나다 그리고 영국에서 전기와 천연가스를 생산, 운송, 저장, 분배, 공급하는 다국적 에너지 지주회사입니다. 2만 3천여 명의 임직원이 근무 중인데, 미국 18개 주에 걸쳐 23만 7,100마일의 전력망 그리고 2만 1,200마일의 천연가스 파이프라인을 운영하고 있죠.

참고로, 23만 7,100 마일을 킬로미터로 바꾸면 약 38만 1,600킬로미터입니다. 이는 지구의 둘레의 약 9.5배에 해당해요. 어마어마하죠? 버크셔 해서웨이가 1999년에 전체 지분의 90퍼센트를 인수했고, 이후 92퍼센트의 지분을 보유 중이라고 합니다.

프레시전 캐스트파츠 Precision Castparts Corp., PCC

우주항공, 엔진, 발전, 일반 산업용 각종 금속 장치와 복합 금속 부품 그리고 티타늄과 니켈 초합금을 제조하고 판매하는 곳으로 2만 3천여 명이 이 회사에서 일하고 있습니다. 2016년에 버크셔 해서웨이가 지분 100퍼센트를 인수했죠.

맥래인 컴퍼니 McLane Company

2만 7천여 명을 고용하고 있는 공급망 관리 회사로, 식품, 외식, 음료 등 3개 영역에서 사업을 벌이고 있습니다. 식품 부문에서 20개 주 25개의 물류센터를 통해 월마트를 포함한 4만 8,500개의 슈퍼마켓에 식품을 공급하고 있고, 외식 부문에서 22개 주 47개 물류센터를 통해 3만 3,600개의 음식점에 식자재를 납품하고 있으며, 음료 부문에서 14개 물류센터를 통해 2만 7,600개의 소매점에 와인과 맥주를 공급하고 있다고 합니다. 2003년에 버크셔 해서웨이에 인수되었다고 하네요.

이러한 점에서 볼 때, 버크셔 해서웨이의 주식을 소유한다는 것은 이 모든 자회사의 소유권 일부를 가지는 것과 같다고 할 수 있습니다. 이들 기업의 성공이 버크셔 해서웨이의 성공으로 이어지고, 그 결과 주주들에게도 이익이 돌아가는 구조입니다.

에필로그

왜 하필 미국인데?

명절에 경민의 가족이 큰 아버지 댁에 모두 모였다. 경민은 스마트폰으로 인공지능 기업들을 소개하는 외국 유튜브 채널을 보느라 여념이 없었는데, 그 모습을 보고 사촌누나 수민이 놀라움 반 놀림 반 말을 걸어왔다.

"경민이 네가 영어 공부를 다 하고, 무슨 일이야?"

거실 소파에 앉아있던 삼촌이 경민 대신 대답했다.

"경민이가 요즘 미국 주식과 기업 공부에 푹 빠져 있거든. 난 어저께 CNBC를 영어로 보는 걸 보고 깜짝 놀랐어. 영어라면 손사래를 치던 녀석이 말이야."

"진짜요?"

영 못 미더운 듯한 사촌누나의 반응에 경민이 머리를 긁적이며 말했다.

"요즘 미국 기업에 대해 조사하고, 게다가 로봇과 인공지능에 관심이 생겨서 찾아보다 보니까 영어도 막 그렇게 싫지만은 않더라고. 진짜 재미있는 이야기랑 우리나라엔 없는 기업 정보도 많아."

"그런데, 로봇이나 인공지능 회사들은 우리나라에도 이미 많지 않아?"

수민이 의아한 듯 물었다.

세계 최신의 흐름, 세계 최고의 기업, 세계 최대의 시장

"누나, 지금 전 세계에서 변화를 이끌고 있는 최고의 이슈가 뭔지 알아? 인공지능AI, Artificial Intelligence이라고. 그렇다면 인공지능 분야에서 가장 탁월한 성과를 내고 있는 회사는 어딜까?"

경민의 질문에 수민이 대꾸했다.

"챗GPT를 만든 오픈AI, 마이크로소프트와 알파벳 그리고 엔비디아와 테슬라?"

"우와, 대단한데 누나? 맞아, 그리고 그들의 공통점은 미국 기업이란 거야. 인공지능 분야뿐만 아니라 클라우드 컴퓨팅과 3D 프린팅 같이 흔히 말하는 4차산업혁명의 주요 분야 대부분에서 미국 기업들이 활약하고 있어. 연구개발 분야에서도 세계적인 흐름을 주도하고 있고."

삼촌이 말했다.

"비단 최신 기술만이 아니라, 전 세계를 주름잡고 있는 브랜드 상당수가 미국 기업이기도 해. 매년 일본 니혼게이자이신문이 세계 경제활동에서 중요한 상품과 서비스 품목을 대상으로 국적별 세계 시장점유율을 발표하는데, 한 번 볼까?

1위는 미국으로 전체의 3분의 1이 넘는 22개 상품 및 서비스 품목에서 1위를 차지했고, 2위는 중국으로 1위 품목이 16개, 3위는 일본과 한국으로 1위 품목이 각각 6개야. 2023년 발표 기준. 미국이 압도적인 우위를 점하고 있어."

그 사이 스마트폰으로 검색한 경민이 또 다른 화면을 들이밀었다.

"시장조사 업체인 칸타 브랜드Z가 발표한 '2023년 글로벌 톱

1위	애플	미국	6위	비자	미국
2위	구글(알파벳)	미국	7위	텐센트	중국
3위	마이크로소프트	미국	8위	루이비통	프랑스
4위	아마존	미국	9위	마스터카드	미국
5위	맥도날드	미국	10위	코카콜라	미국

2023 글로벌 톱 100 브랜드 중 상위 10개 브랜드
출처 : 칸타 코리아

100 브랜드'도 한 번 보세요. 상위 10위를 살펴보면, 텐센트와 루이비통을 제외한 8개 기업이 모두 미국 기업이에요. 특히 애플은 2022년에 이어 2년 연속 1위였어요."

삼촌은 납득이 된다는 듯 고개를 끄덕였다.

"미국은 세계에서 가장 큰 GDP국내총생산와 가장 큰 주식시장을 가지고 있으니, 어쩌면 당연한 결과일지도 모르지. 한 마디로 자본주의 경제를 선도하는 나라니까 말이야. GDP는 19조 달러로 세계에서 가장 많고, 주식시장은 46조 달러로 전 세계 시가총액의 40퍼센트 이상을 차지하고 있어."

이번에는 수민이 말했다.

"미국은 50개의 주가 모여 하나의 국가를 구성하고 있는 '어마무시'하게 큰 나라니까요. 한 개의 주가 우리나라 면적보다 큰 경우가 대부분이니까 50개의 나라가 모여 하나의 큰 제국을 이루고 있다고 봐도 무방하죠.

면적도 러시아, 캐나다에 이어서 미국이 3번째로 크니까요. 중국과 인도에 이어 3번째로 인구가 많은 나라이기도 하고요."

삼촌이 어깨를 으쓱하며 말했다.

"옛말에 '사람은 서울로, 말은 제주로'라더니 자본과 트렌드를 배우려면 역시 미국으로 보내야 하는 건가."

"그게 무슨 뜻인데요?"

경민의 물음에 삼촌이 대답했다.

"사람은 사람이 모여드는 곳에, 말은 말을 많이 키우는 곳에서 자질을 꽃피운다는 이야기야. 옛날에는 자녀를 훌륭한 사람으로 교육시키기 위해 지방에서 서울로 유학을 보내는 경우도 많았어. 방금 이야기하다 보니, 세상의 흐름과 투자를 배우려면

가장 크고 변화도 빠른 미국 시장을 택하는 게 좋겠다는 생각이

드네."

수민이 깔깔 웃으며 말했다.

"집에서도 미국 시장을 조사하고, 미국 회사에 투자도 할 수

있으니 다행인데요! 경민아, 유학비는 안 들어서 좋겠다!"

백만장자 투자클럽의 핫플레이스 3

전 세계 금융의 중심 '월스트리트'

투자를 하는 사람이라면 당연히 들어봤을 만한 월스트리트부터 알아볼까요? 월스트리트는 미국 금융의 중심이자, 나아가 전 세계 금융의 중심지로 우뚝 선 곳이랍니다.

미국 뉴욕의 맨해튼에 자리 잡고 있는 월스트리트에는 미국 최대 증권거래소인 뉴욕증권거래소를 비롯해, 만지면 부자가 된다고 알려진 '황소 동상' 그리고 나스닥과 수많은 금융기관들이 밀집해 있어요. 우리나라로 치면 여의도와 같은 곳이죠.

최근 IT 스타트업들이 성공해서 주식시장에 상장하는 모습을 많이 볼 수 있는데요, 그 상장이 이뤄지는 곳이기도 해서 많은 IT 창업가들의 꿈의 공간이기도 하답니다. 그런데 왜 월스트리

미국 주식시장의 중심, 뉴욕 증권거래소 앞 월스트리트 전경

트라는 별명이 붙었을까요?

　예전에 뉴욕은 '뉴 암스테르담'이라고 불리었는데요, 당시에는 네덜란드에서 넘어온 정착민들이 외지인의 침입을 막기 위해서 북쪽에 큰 경계 나무 벽을 세웠다고 합니다.

　그러나 그 벽은 영국인들의 공격으로 곧 파괴되었고, 이후로 사람들은 이곳을 '벽이 있던 거리'라는 뜻으로 월스트리트라고 부르게 되었다고 하네요.

월스트리트의 상징인 황소 동상

만약 월스트리트에 방문한다면 황소 동상 근처에 길게 늘어선 줄을 쉽게 발견할 수 있을 거예요. 황소가 공격을 할 때 고개를 쳐드는데 이때 뿔과 함께 위로 치솟은 모양이 마치 주가의 상승세와 같다고도 하죠. 그래서 사람들은 주식시장이 활황일 때를 일컬어 불 마켓Bull market이라고 부른답니다.

속설로는 황소의 뿔을 만지면 행운이 깃들고, 황소의 고환을 만지면 부자가 된다고 하니! 월스트리트에 방문한다면 황소 동상의 뿔과 고환을 모두 만지고, 행운과 부를 모두 거머쥐길 바랍니다! 참고로 저는 두 번 방문했지만 그때마다 사람이 너무 많아서 만져보지는 못했네요.

IT 창업가들의 도시 '실리콘밸리'

페이스북, 넷플릭스, 테슬라, 애플, 페이팔, 우버, X 트위터, 에어비앤비 등 현재 전 세계를 혁신의 소용돌이로 몰아넣은 기업들이 모여있는 곳은 어디일까요? 바로 캘리포니아의 실리콘밸리입니다.

미국의 첨단 산업, IT와 반도체 유망 기업들이 모두 모여있는 곳이 바로 실리콘밸리이죠. 이곳에는 전 세계의 첨단 산업을 이끄는 일류 기업들과 미래 유니콘을 꿈꾸는 수많은 스타트업들이 입주해 있답니다. 그래서 IT 창업가들에게는 꿈의 도시와도 같아요.

모두가 실리콘밸리로 모이게 된 이유는 훌륭한 인적자원, 자유분방한 문화와 더불어 공격적인 투자자들이 함께 했기 때문인데요. 원래 반도체에 쓰이는 규소를 실리콘이라고 부르는데, 세계의 유수 반도체 기업들이 모여있기 때문에 별칭으로 불리기 시작했답니다.

이러한 반도체 기업들이 인재를 모아야 했는데 마침 인근에 스탠퍼드 대학교를 비롯해 UC 버클리와 UCLA, USC 등 명문대가 즐비하다 보니 학생들을 모으는 것이 어렵지 않았어요.

이와 같은 환경에서 2010년대 들어 스마트폰 중심의 모바일 서비스를 개발하는 IT 스타트업들이 샌프란시스코를 중심으로 모여들면서 현재의 실리콘밸리가 완성되었습니다.

금융위기를 경험한 미국 투자가들은 새로운 혁신 산업에 대한 갈망이 컸고, 새롭게 도래한 IT 스타트업들의 비상을 위해 아낌없는 투자를 하기 시작했죠. 그리고 투자를 받은 IT 스타트업들이 줄줄이 나스닥에 상장하게 되면서 미국 혁신 산업의 상징인 실리콘밸리가 지금의 모습을 갖추게 된 거랍니다.

샌프란시스코를 방문하게 된다면 아름다운 태평양을 끼고 그곳을 가득 메우고 있는 수많은 빅테크 기업들과 더불어 스탠퍼

스탠퍼드 대학교와 실리콘밸리 전경

드 대학교에 방문해 전 세계 소프트웨어 엔지니어들의 산실을 직접 보고 느껴보기를 추천합니다.

또한 메타 플랫폼스와 애플 그리고 알파벳구글의 모회사의 신화가 시작된 실리콘밸리의 창고 창업 문화도 살펴보면서 미래에 언젠가 나타날지 모를 IT 스타트업을 찾아보는 것도 또다른 묘미일 것입니다. 참고로 저도 두 번 다녀왔죠.

오마하의 도심 전경

워런 버핏의 도시 '오마하'

미국의 동부 뉴욕에서 '월스트리트', 미국의 서부에서 '실리콘 밸리'를 돌아봤다면, 마지막으로 미국의 중부에서 가봐야 할 곳은 '오마하'죠.

우리가 롤모델로 삼고 있는 워런 버핏의 별명인 '오마하의 현인'을 기억하시죠? 오마하는 바로 워런 버핏의 고향이거든요. 그렇다고 너무 많은 걸 기대하지는 마세요. 사실 여타 조용한 시골 마을과 다를 게 없답니다.

버크셔 해서웨이 주식 증서
사진 : 저자 제공

워런 버핏의 회사인 버크셔 해서웨이의 본사도 역시 이곳 오마하에 위치하고 있죠. 그래서 매년 5월 버크셔 해서웨이의 주주총회가 열리는데, 이 주주총회에 참여하기 위해 4만여 명이 찾아오고 있어요.

오마하의 인구가 48만 명이라고 하니, 인구의 10퍼센트가량에 해당하는 사람들이 매년 이 주주총회를 보기 위해 오마하를 찾는 셈이죠.

주주총회는 매번 숱한 화제를 낳곤 합니다. 만약 버크셔 해서웨이 주식을 갖고 있다면 직접 주주총회에 참석해 투자의 대가 워런 버핏의 지혜를 직접 보고 들을 값진 기회를 가져보는 건 어떨까요? 저는 오마하에도 두 번 다녀왔답니다.